우주 탄생의 기원과 비밀

우주가 뭐예요?

글 앤 루니 / 그림 냇 휴스
감수 윤태정, 이동탁
옮긴이 윤혜영

빅북

윤혜영

대학교에서 화학을 전공하였으며, 과학학원 원장이자 과학 강사로 십수 년을 강의한 바 있으며, 오랜 시간 교육자의 길을 걷다가 번역에 또 다른 매력을 느껴 독자에게 감동을 줄 수 있는 책들을 기획, 번역하고 있다. 현재는 글밥아카데미 수료 후 바른번역 소속 번역가로 활동 중이다.
옮긴 책으로『그래도 절대 포기하지 마』,『습관의 기적』,『코로나 세상 속에서 지쳐 있는 청춘에게 한마디』,『움직임에 중력을 더하라』 등이 있다.

우주 탄생의 기원과 비밀
우주가 뭐예요?

2021년 6월 15일 초판 1쇄 인쇄
2021년 6월 20일 초판 1쇄 발행

글 앤 루니
그림 냇 휴스
감수 윤태정, 이동탁
옮긴이 윤혜영
편집기획 이원도
디자인 이창욱
교정 이혜림, 이준표
제작 서동욱
발행처 빅북
발행인 윤국진
주소 서울 금천구 문성로 3길 73 203호
등록번호 제 2016-000028호
이메일 bigbook123@hanmail.net
전화 02) 2644-0454
전자팩스 0502) 644-3937
ISBN 979-11-90520-05-8 74440
값 18,800원

The Story of Universe: A Journey Through Space and Time
By Anne Rooney
Copyright © Arcturus Holdings Limited
www.arcturuspublishing.com
All rights reserved.
Korean translation copyright © 2021 by Bigbook

이 책의 한국어판 저작권은 PubHub 에이전시를 통한 저작권자와의 독점 계약으로 도서출판 빅북에 있습니다. 저작권법에 의해 한국 내에서 보호를 받는 저작물이므로 무단 전재와 무단 복제를 금합니다.

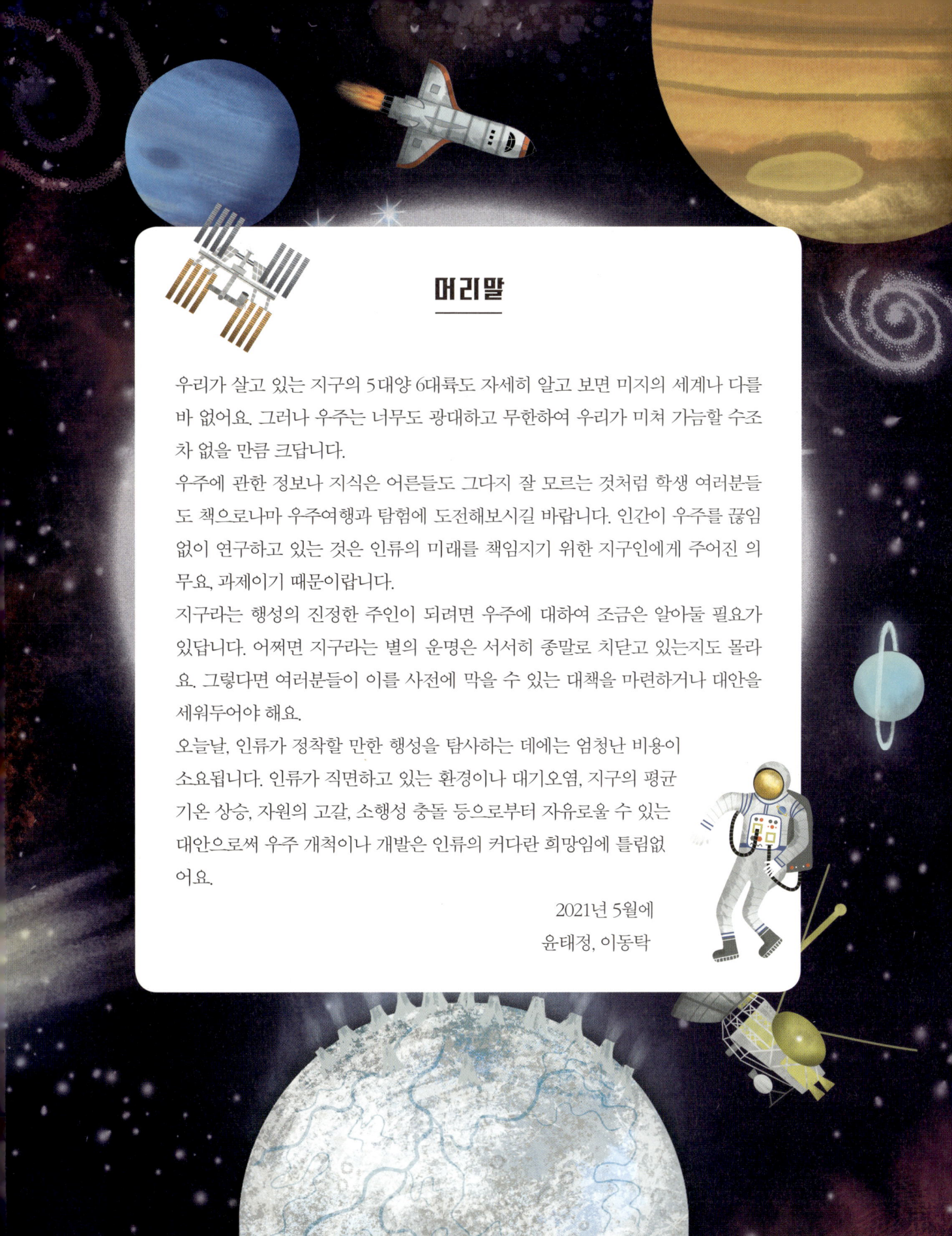

머리말

우리가 살고 있는 지구의 5대양 6대륙도 자세히 알고 보면 미지의 세계나 다를 바 없어요. 그러나 우주는 너무도 광대하고 무한하여 우리가 미쳐 가늠할 수조차 없을 만큼 크답니다.

우주에 관한 정보나 지식은 어른들도 그다지 잘 모르는 것처럼 학생 여러분들도 책으로나마 우주여행과 탐험에 도전해보시길 바랍니다. 인간이 우주를 끊임없이 연구하고 있는 것은 인류의 미래를 책임지기 위한 지구인에게 주어진 의무요, 과제이기 때문이랍니다.

지구라는 행성의 진정한 주인이 되려면 우주에 대하여 조금은 알아둘 필요가 있답니다. 어쩌면 지구라는 별의 운명은 서서히 종말로 치닫고 있는지도 몰라요. 그렇다면 여러분들이 이를 사전에 막을 수 있는 대책을 마련하거나 대안을 세워두어야 해요.

오늘날, 인류가 정착할 만한 행성을 탐사하는 데에는 엄청난 비용이 소요됩니다. 인류가 직면하고 있는 환경이나 대기오염, 지구의 평균 기온 상승, 자원의 고갈, 소행성 충돌 등으로부터 자유로울 수 있는 대안으로써 우주 개척이나 개발은 인류의 커다란 희망임에 틀림없어요.

2021년 5월에
윤태정, 이동탁

일러두기

1. 우주로의 여행과 탐험은 아직 꿈이나 이상과 마찬가지예요. 그러나 지금 현재에도 인류는 우주 공간에 우주정거장을 건설하여 우주에 관한 도전을 멈추지 않고 있답니다. 우주 개척은 현재진행형인 셈이지요.

2. 우리가 흔히 말하는 별은 항성이라고 통칭하고 있답니다. 태양계에서 태양은 유일한 항성이고, 수성, 금성, 지구, 목성, 토성, 천왕성, 해왕성은 행성으로 구분할 수 있어요. 그런데 국제천문연맹에서는 2006년 명왕성을 태양계의 행성에서 제외시켰어요.

3. 우주가 탄생되어 오늘에 이르기까지의 기원과 비밀을 밝혀내기란 과학자들에게는 수수께끼를 푸는 것보다 훨씬 더 어려워요. 그렇지만 지구의 미래를 위해서는 우주에 관한 연구를 멈출 수가 없어요.

4. 광대한 우주에 대한 궁금증을 해결하려면 천문학에 관심을 두고 전문지식을 차곡차곡 터득하면서 우주에 관한 지식과 정보를 습득하는 길밖에 없어요. 공상과학 세계를 제대로 이해하기 위해서는 적어도 우주에 관한 기초 지식은 쌓아두어야 해요. 우주 탄생의 기원과 비밀을 아는 것은 곧 우리가 우주로 향하는 첫걸음입니다.

5. 우리가 속해 있는 태양계는 우리 은하의 일부에 불과해요. 인류가 눈으로 볼 수 있는 유일한 은하성단이 바로 밤하늘에 떠있는 '은하수'랍니다. 그밖에도 은하계와 같은 수많은 성단이 존재하므로 실제로 상상하기조차 불가능할 정도랍니다.

*우주 탄생의 기원과 비밀이 어느 정도 해결되었다면 이 책과 시리즈인 <진화가 뭐예요?>를 통하여 지구 생명체 탄생의 기원과 비밀을 풀어보세요.

차례

머리말	3
일러두기	4
1장 우주 세계로의 초대장	6
2장 빅뱅으로 시작된 우주	10
3장 우주에서 맨 처음 태어난 별	26
4장 별의 죽음과 부활	44
5장 먼지와 가스로 뒤섞인 우주	60
6장 인류가 살고 있는 보석 같은 푸른별 행성	78
7장 새로운 우주 공간의 발견	98
우주의 연대표	120
용어 설명	126
색인	128

우주 세계로의 초대장

이 책은 어마어마하게 신비로운 우주에 관한 이야기를 담고 있어요. 우리가 아는 범위 안에서 우주를 설명하자면, 우주는 무한한 시간과 더불어 행성, 항성, 위성, 혜성, 성단, 성운, 성간 물질, 인공위성 등 모든 물질이 존재하는 끝없이 넓은 공간을 말해요. 또한 우주는 우리가 상상할 수 없을 정도로 엄청나게 광대하고 무궁한 공간이랍니다. 게다가 우주는 수천 년 동안 사람들의 마음을 사로잡을 만큼 대단히 매력적이고, 흥미롭고, 아주 멋지고, 신비스러운 일들로 가득 차 있지요.

셀 수 없을 만큼의 무수히 많은 별

사람들은 언제나 맑은 밤하늘에서 달과 별과 행성들을 관측해 왔어요. 또한 우리 조상들은 음력 초하룻날 초승달이 뜨는 맑은 밤하늘에서 무려 5,000개 정도의 별을 관측할 수 있었지요. 하지만 오늘날 도시에서 살고 있는 우리가 맑은 밤하늘에서 별들을 관측한다면, 우리는 고작해야 40개 정도만 관측할 수 있을 거예요. 현대 세계는 어두운 밤에도 도시를 밝게 빛내 주는 각종 인공 조명들로 인하여 도시인들이 관측하는 별빛은 흐리고 밤하늘의 관측을 방해하지요. 따라서 현대 도심에서 살고 있는 우리는 이러한 빛의 공해로 인해 어느 장소에서든, 심지어 맑은 밤하늘에서도 대부분의 별들을 관측할 수 없답니다.

400년 전 천체망원경이 발명되기 전에는 사람들이 대부분 언덕 꼭대기에 올라가 고개를 들어 맑은 밤하늘을 바라보며, 언덕 꼭대기에서라면 밤하늘에 떠 있는 별들을 모두 맨눈으로도 직접 관측할 수 있을 거라고 생각했어요. 하지만 실제로 맑은 밤하늘에는 우리가 맨눈으로 직접 관측할 수 있는 별들보다 훨씬 더 많은 별이 떠 있답니다. 심지어 세계에서 가장 성능이 뛰어난 천체망원경으로 관측한 별들보다도 훨씬 더 많은 별이 떠 있지요. 밤하늘에 보이는 은하수가 바로 우리가 살고 있는 지구와 태양계가 속한 우리 은하계의 단면인데, 이 은하수에는 수천억 개의 별들을 포함하고 있고, 심지어 수많은 다른 은하들도 존재하고 있답니다.

밤하늘에 반짝이는 별은 태양처럼 스스로 빛을 내는 항성을 말해요. 한마디로 별은 뜨거운 고밀도의 가스 덩어리에요. 스스로 빛을 내며 밝게 빛나는 원형체를 말하지요.

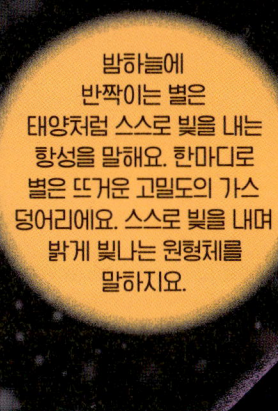

행성과 항성의 차이

태양과 달은 뚜렷하게 구별되지만, 행성과 항성은 모두 똑같이 밤하늘에서 빛을 내는 아주 작은 점들로 보여요. 그런데 사실 행성과 항성은 실제로 매우 다르답니다. 행성은 우리 태양계에서 가장 큰 천체이자 태양계의 중심이 되는 항성인 태양 주위를 공전하는 다른 세계를 말해요. 이에 반해 항성은 저 멀리 떨어진 다른 태양들을 가르키기도 하지요. 사람들은 수천 년 동안 행성과 항성 사이에 차이점이 존재한다는 사실을 알고 있었어요. 행성과 항성 사이에 차이점을 살펴보면 항성은 스스로 빛을 내며 반짝반짝 빛나지만, 행성은 스스로 빛을 내지 못하지요. 게다가 항성은 모두 한데 모여 다 같이 서서히 이동하는 모습을 보이지만, 행성은 특정 항성을 중심으로 각각 독립적으로 운행한답니다.

행성은 스스로 빛을 내지 못하지만, 별이 내는 빛을 받아서 반사해요. 한마디로 행성은 별보다 훨씬 더 온도가 낮으며, 가스나 암석이나 금속으로 이루어진 원형체를 말하지요.

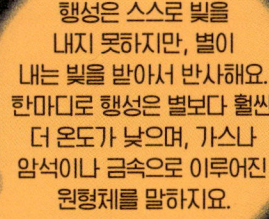

언제, 어디서, 어떻게, 왜?

사람들은 달과 행성과 항성이 이동하는 모습을 연구하기 시작하면서 달과 행성과 항성이 과연 무엇이고, 어디에서 왔고, 왜 그곳에 존재하는지를 궁금하게 여겼을 거예요. 대다수 신화와 우화, 종교들은 세계와 우주가 어떻게 존재하는지를 설명하려고 노력해 왔어요. 어떤 신화들은 '우주 알(Cosmic egg)'을 두 부분으로 나눠서 설명하기도 해요. 이를테면 우주 알의 한쪽 절반은 지구와 지구에 존재하는 모든 물질이 되고, 우주 알의 다른 한쪽 절반은 하늘과 하늘에 존재하는 모든 물질이 된다고 이야기하지요. 또 다른 신화나 우화들은 아무것도 없는 무(無)에서든, 물질이 마구 어수선하게 뒤섞여 있어 갈피를 잡을 수 없는 혼돈 상태에서든 신이 모든 물질을 창조한다고 이야기한답니다.

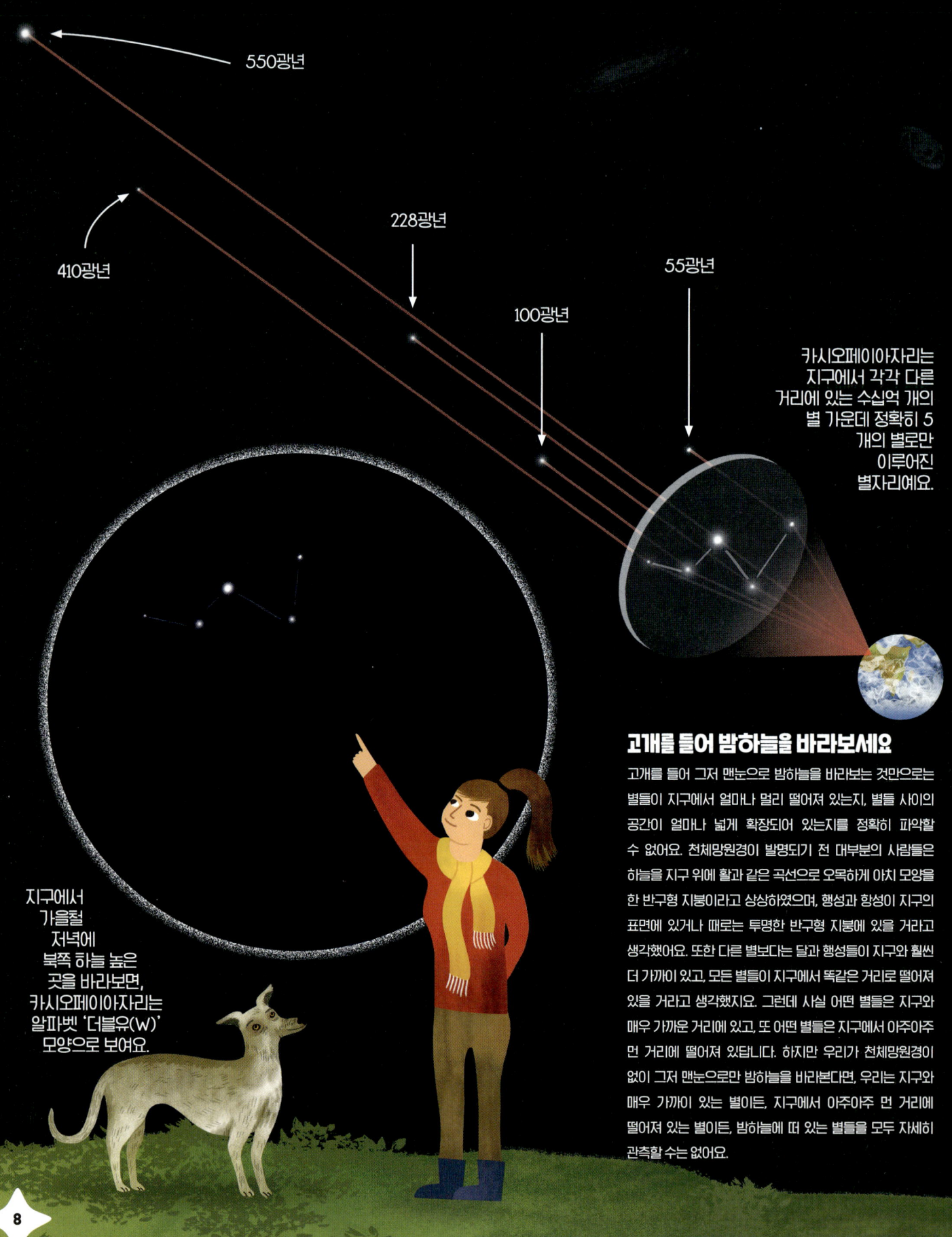

550광년

410광년

228광년

100광년

55광년

카시오페이아자리는 지구에서 각각 다른 거리에 있는 수십억 개의 별 가운데 정확히 5개의 별로만 이루어진 별자리예요.

고개를 들어 밤하늘을 바라보세요

고개를 들어 그저 맨눈으로 밤하늘을 바라보는 것만으로는 별들이 지구에서 얼마나 멀리 떨어져 있는지, 별들 사이의 공간이 얼마나 넓게 확장되어 있는지를 정확히 파악할 수 없어요. 천체망원경이 발명되기 전 대부분의 사람들은 하늘을 지구 위에 활과 같은 곡선으로 오목하게 아치 모양을 한 반구형 지붕이라고 상상하였으며, 행성과 항성이 지구의 표면에 있거나 때로는 투명한 반구형 지붕에 있을 거라고 생각했어요. 또한 다른 별보다는 달과 행성들이 지구와 훨씬 더 가까이 있고, 모든 별들이 지구에서 똑같은 거리로 떨어져 있을 거라고 생각했지요. 그런데 사실 어떤 별들은 지구와 매우 가까운 거리에 있고, 또 어떤 별들은 지구에서 아주아주 먼 거리에 떨어져 있답니다. 하지만 우리가 천체망원경 없이 그저 맨눈으로만 밤하늘을 바라본다면, 우리는 지구와 매우 가까이 있는 별이든, 지구에서 아주아주 먼 거리에 떨어져 있는 별이든, 밤하늘에 떠 있는 별들을 모두 자세히 관측할 수는 없어요.

지구에서 가을철 저녁에 북쪽 하늘 높은 곳을 바라보면, 카시오페이아자리는 알파벳 '더블유(W)' 모양으로 보여요.

과학 이야기

오늘날 놀라울 정도로 발달한 과학 기술 덕분에 우리는 우주를 제대로 이해할 수 있고, 우주가 어떻게 탄생하게 되었는지를 명확하게 설명할 수 있어요. 과학은 신화와 종교와는 달라요. 이를테면 과학은 상황이 어떻게 발생하였는지를 정확히 파악하기 위해 이에 따른 확실한 증거를 수집하여 설명 방식을 제안한 다음, 실험과 관찰을 통해서 제안한 설명 방식을 시험하지요. 만약에 제안한 설명 방식을 시험했을 때 분명한 성과가 없다면, 설명 방식을 다시 제대로 바꿔서 시험해야 해요. 시험을 계속해서 자꾸 되풀이할수록 과학은 시간이 흐르면 흐를수록 그런 상황이 어떻게 발생하였는지에 관한 그림이 좀 더 상세하게 나타난답니다. 가끔은 새로운 사실을 발견하면서 이미 제안했던 설명 방식을 완전히 뒤집는 경우도 있지요. 서기 1600년 정도까지만 해도 거의 모든 사람은 지구가 우주의 한가운데에 똑바로 가만히 서 있고, 태양과 달, 별이 모두 지구 주위를 공전한다고 생각했어요. 하지만 이제 우리는 지구와 다른 모든 행성이 태양 주위를 공전한다는 사실을 정확히 파악하고 있지요. 과연 지구가 우주의 한가운데에 똑바로 가만히 서 있고 태양과 달, 행성, 항성이 모두 지구 주위를 공전하고 있는지, 아니면 지구와 다른 모든 행성이 태양 주위를 공전하고 있는지에 관한 이러한 사실들은 천체망원경이 없이 그저 맨눈으로만 바라본다면 정확히 관측할 수 없답니다.

갈릴레오 갈릴레이
(이탈리아의 천문학자, 1564-1642)

오늘날 우리는 우주비행사를 우주로 보내서 우주를 직접 관측할 수 있을 정도로 우주를 이해하고 파악하는 범위가 아주 커지고 넓어졌어요.

신비로운 우주

수백 년 전 사람들은 우주에 관해서 제대로 이해하지 못했고, 하물며 우주에 무엇이 존재하는지도 제대로 파악하지 못했어요. 하지만 이제 우리는 수백 년 전 사람들보다 우주를 훨씬 더 많이 이해하고 있고, 우주에 무엇이 존재하는지도 훨씬 더 정확히 파악하고 있지요. 그런데도 또한 우리는 우주 공간에 우리가 여전히 모르는 부분이 상당히 많이 존재한다는 사실도 충분히 잘 알고 있어요! 우리가 우주를 더더욱 열심히 연구하여 우주에 관해서 토론하고 밝혀내야 할 사실들은 아직도 엄청나게 많이 존재한답니다. 그러므로 우리 모두 다 같이 우리가 살고 있는 우주에 관해 열심히 연구해서 새로운 사실들을 발견해 보세요. 그러면 여러분도 언젠가는 천문학자가 되어 상당히 신비로운 우주를 탐험하게 될 거예요.

9

빅뱅으로 시작된 우주

우리의 우주는 수십억 년 전 순식간에 갑자기 탄생했어요. 지금부터 우주 탄생의 기원과 비밀에 대하여 자세히 살펴보기로 해요. 우주가 갑자기 탄생하여 순식간에 커져 버린 이 현상을 과학자들은 '빅뱅(Big Bang; 우주 대폭발)'이라고 부른답니다. 빅뱅이 일어나는 순간 시간과 공간은 모두 믿을 수 없을 정도로 엄청나게 뜨겁고, 매우 밀도가 높고, 눈에 보이지도 않을 만큼 아주 작은 한 점에서 생겨나기 시작했어요. 빅뱅이 일어나기 전에는 아무것도 없이 그저 한 점에 불과했으나, 빅뱅이 일어나는 순간 아주 작은 이 한 점에서 시간과 공간이 탄생하게 되었지요.

약 1초가 지났을 무렵부터 양성자·중성자·전자 따위가 생겨나기 시작하였으며, 약 3분이 지났을 때쯤에는 수소와 헬륨 등이 만들어졌어요. 대략 3만 년이 지난 후에는 우주에 있는 물질의 밀도와 복사파의 밀도가 거의 같게 되었어요. 이후에는 물질의 밀도가 우세한 물질의 시대로 바뀌기 시작했어요.

대략 10만 년이 지날 무렵에는 복사 에너지와 물질의 상호작용으로 인하여 거의 모든 물질이 이온화되었답니다. 1억 년이 지나자 우주 공간의 곳곳마다 밀도차가 생기기 시작하였으며, 밀도가 큰 부분을 중심으로 은하계와 또 다른 은하성단이 탄생하였답니다.

자그맣던 우주는 순식간에 커지면서 변화하기 시작했고, 에너지를 발산한 다음에 우리 주변에서 볼 수 있는 우주를 구성할 물질을 만들어내기 시작했어요. 우주는 그 이후로도 계속해서 점점 더 커져만 갔고, 지금도 여전히 더더욱 커지고 있어요. 사실 우리는 우주가 얼마나 큰지 정확히 알지도 못해요. 심지어 세계에서 가장 성능이 뛰어난 천체망원경으로도 우주의 가장자리조차 관측할 수 없답니다.

무(無)에서 탄생한 모든 물질

비록 우주가 '빅뱅'으로 탄생했지만, 빅뱅이라는 우주 대폭발이 일어나는 소리는 떠들썩하게 시끄럽지 않았고 사람에게 거의 들리지 않을 정도로 매우 작았어요. 우주는 상상할 수 없을 만큼 매우 밀도가 높고, 눈에 보이지도 않을 만큼 아주 작은 '특이점(singularity; 블랙홀의 중심처럼 질량이 매우 큰 별의 진화 마지막 단계에서 만들어지며, 구성물질이 사방에서 붕괴되면서 중력에 의해 부피가 0이고 밀도가 무한대인 한 점으로 압축되는 것)'에서 탄생했지요. 지금 우주에 존재하는 모든 물질이 바로 이 한 점에서 탄생했으나, 이때 탄생한 모든 물질은 현재 우리가 알아볼 만한 형태조차도 갖추고 있지 않았답니다.

어떻게 알 수 있을까요?

1920년대에 과학자들이 우주가 점점 더 팽창(점점 더 커지는 현상)하고 있다는 사실을 밝혀냈기 때문에, 우리는 빅뱅이 확실하게 일어났다고 이해하고 있어요. 과학자들이 발견한 사실 그대로 우주가 지금도 점점 더 팽창하고 있다면, 예전에는 우주의 크기가 분명히 지금보다 훨씬 더 작았을 거예요. 우리가 아주 먼 과거로 충분히 거슬러 올라간다면, 틀림없이 당시 우주의 크기는 측정하지 못할 정도로, 심지어 눈에 보이지 않을 정도로 엄청나게 작았을 거예요.

빅뱅은 수십억 년 전에 일어났어요. 최근까지 과학자들은 빅뱅이 138억 년 전에 일어났다고 생각했지만, 2019년에 새로운 사실들을 발견하면서 빅뱅이 아마도 138억 년 전보다 훨씬 더 최근인 125억 년 전에 일어났을 수도 있다고 밝혔어요. 138억 년 전이든, 125억 년 전이든, 어느 쪽이든 간에 빅뱅은 아주 오래전에 일어났지요.

현재 우주에 존재하는 모든 물질과 에너지는 빅뱅으로 탄생했어요.

중력을 느껴보세요

우주의 탄생 이후, 수십억 분의 1초보다 더욱 짧은 찰나의 시간에 중력이 생겼어요. 중력은 질량이 있는 물체들 사이에서 작용하며, 질량을 가지고 있는 모든 물체끼리 서로 끌어당기는 힘을 말해요. 중력은 또한 우리가 공중에서 정처 없이 떠돌아다니지 않도록 우리를 지구 중심으로 끌어당겨 지표면에 단단히 붙잡아 줘요. 게다가 지구 주위를 공전하는 달을 달의 공전 궤도면에 붙들어 놓고, 태양 주위를 공전하는 지구를 지구의 공전 궤도면에 붙들어 두지요. 중력이 어떻게 질량이 있는 모든 물체를 지표면에 붙잡아 두고, 중력이 어떻게 태양 주위를 공전하는 모든 행성을 각자 자신의 공전 궤도면에 붙들어 두는지를 처음으로 밝혀낸 사람은 1687년 영국의 과학자 아이작 뉴턴이었답니다.

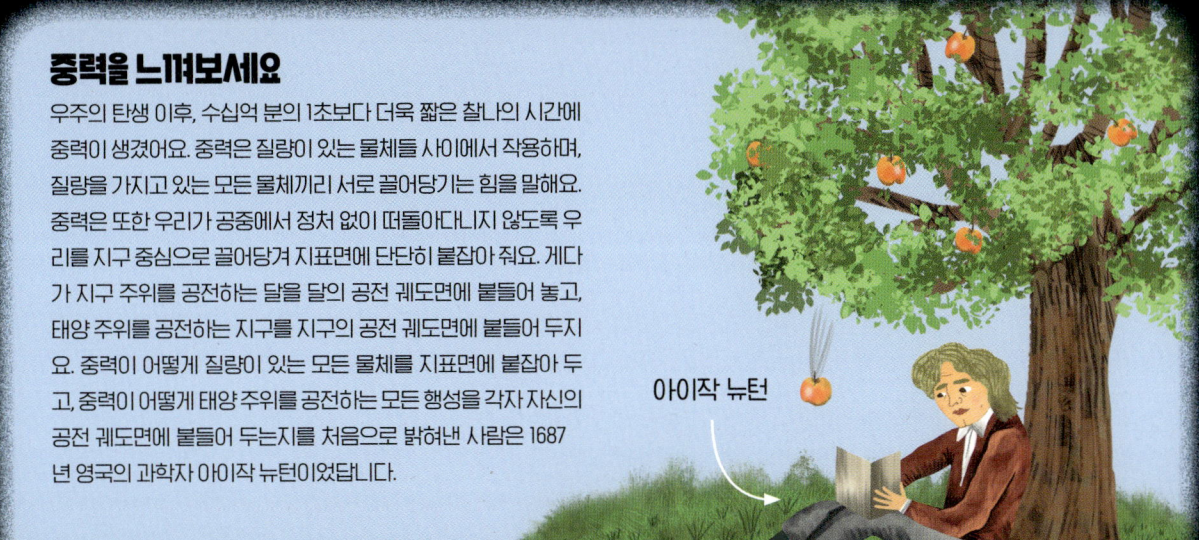

아이작 뉴턴

우주를 형성하는 시간과 공간을 합쳐서 시공간이라고 하는데, 이러한 시공간을 중력이 변화시킨다고 생각하면 돼요. 만약에 우리가 친구와 함께 담요의 표면이 편평하게 되도록 담요를 팽팽하게 서로 맞잡은 다음 평평해진 담요 위에 무거운 공을 떨어뜨린다면, 담요는 무거운 공 주변으로 살짝 내려가 완만한 경사를 이룰 거예요. 이때 또 다른 가벼운 공을 이 담요 위에 떨어뜨리면, 가벼운 공은 살짝 경사진 무거운 공 쪽으로 굴러갈 겁니다. 중력은 바로 공간에서도 이와 똑같이 작용하지요. 행성이나 항성처럼 질량이 아주 큰 물체는 훨씬 더 가파른 경사를 이루고, 이때 주변에 있는 또 다른 물체들 역시 질량이 아주 큰 물체 쪽으로 이동하게 된답니다. 하지만 이렇게 비스듬히 기울어지는 경사는 담요에서만 생기는 게 아니라, 3차원 공간과 시간을 추가한 4차원 시공간에서도 생겨나지요. 그렇다면 시간을 추가한 4차원 시공간에서 경사는 어떻게 생겼을까요? 글쎄, 누가 알겠어요! 하지만 어떤 물체가 경사진 쪽으로 가까워질수록 그에 비해 시간은 좀 더 천천히 흘러간답니다.

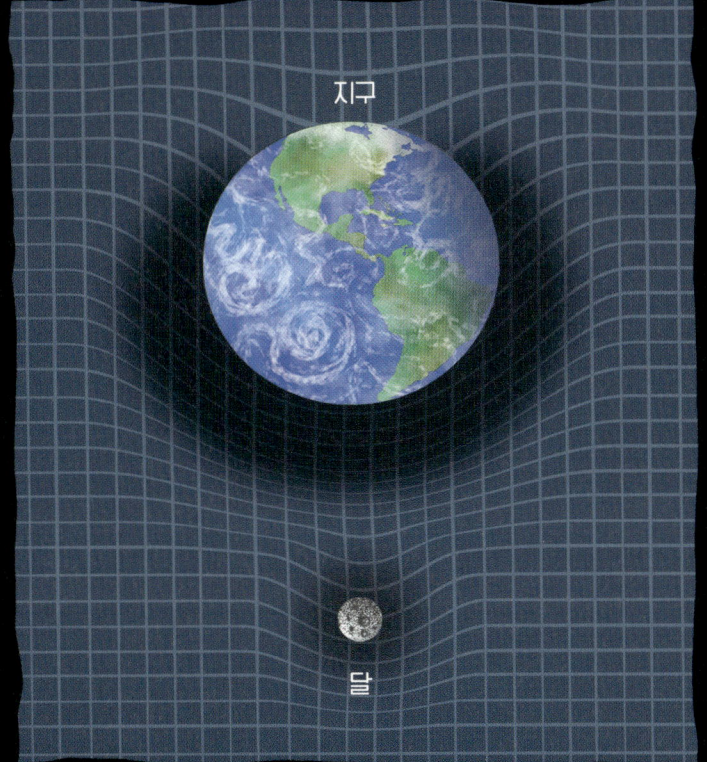

지구

달

에너지만 존재했었던 우주

처음의 우주에는 어떤 물질도, 어떤 물체도 존재하지 않았어요. 오로지 에너지만 존재하고 있었어요. 우리는 어떠한 일을 할 때 에너지를 이용하곤 하지요. 이를테면 자동차를 운전할 때는 연료 에너지를 이용하고, 전등을 켤 때는 전기 에너지를 이용하고, 심지어 우리가 활동적으로 몸을 움직일 때도 음식 에너지를 이용한답니다. 에너지 자체를 이해하기는 어렵지만, 우리가 우주를 이해하려면 에너지를 어느 정도 이해해야 해요!

여러 가지 종류의 에너지

에너지의 종류는 다양하게 많아요. 우리가 직접 맨눈으로도 관측할 수 있는 빛인 가시광선은 파동으로 전달되는 파동 에너지의 일종이에요. 파동 에너지는 광자라는 미세한 입자들로 이루어져 있어요. 많은 다른 에너지도 파동 에너지와 마찬가지로 광자라는 미세한 입자들로 이루어져 있지요. 음식을 조리하는 전자레인지의 마이크로파, 소리와 영상을 전달하는 전파(라디오파), 부러진 뼈 상태를 자세히 확인하기 위해 의사들이 이용하는 X선(엑스레이) 등도 모두 파동 에너지의 일종이에요. 이러한 파동 에너지를 '전자기파'라고 부른답니다. 우주는 전자기파로 가득 차 있어요. 전자기파는 항성(태양)에서 방출되어 우리를 에워싸고 있지요.

물결치는 파도의 파동

바다에서 물결치는 파도는 바닷물이 이동하는 것처럼 보일 수 있으나, 실제로는 파동 에너지가 바닷물을 통해 멀리 이동하는 거예요. 바닷물은 바다 한가운데에서 해안으로 이동하지 않아요. 어떤 물체가 바다에 떨어져 파도와 함께 위아래로 오르락내리락하면서도 멀리 이동하지 않는 현상을 살펴보면 바로 이해할 수 있어요. 또한 파동 에너지가 바닷물을 통해 멀리 이동할 때는 위로 파도치는 부분의 바닷물이 각각 원 모양으로 이동한답니다.

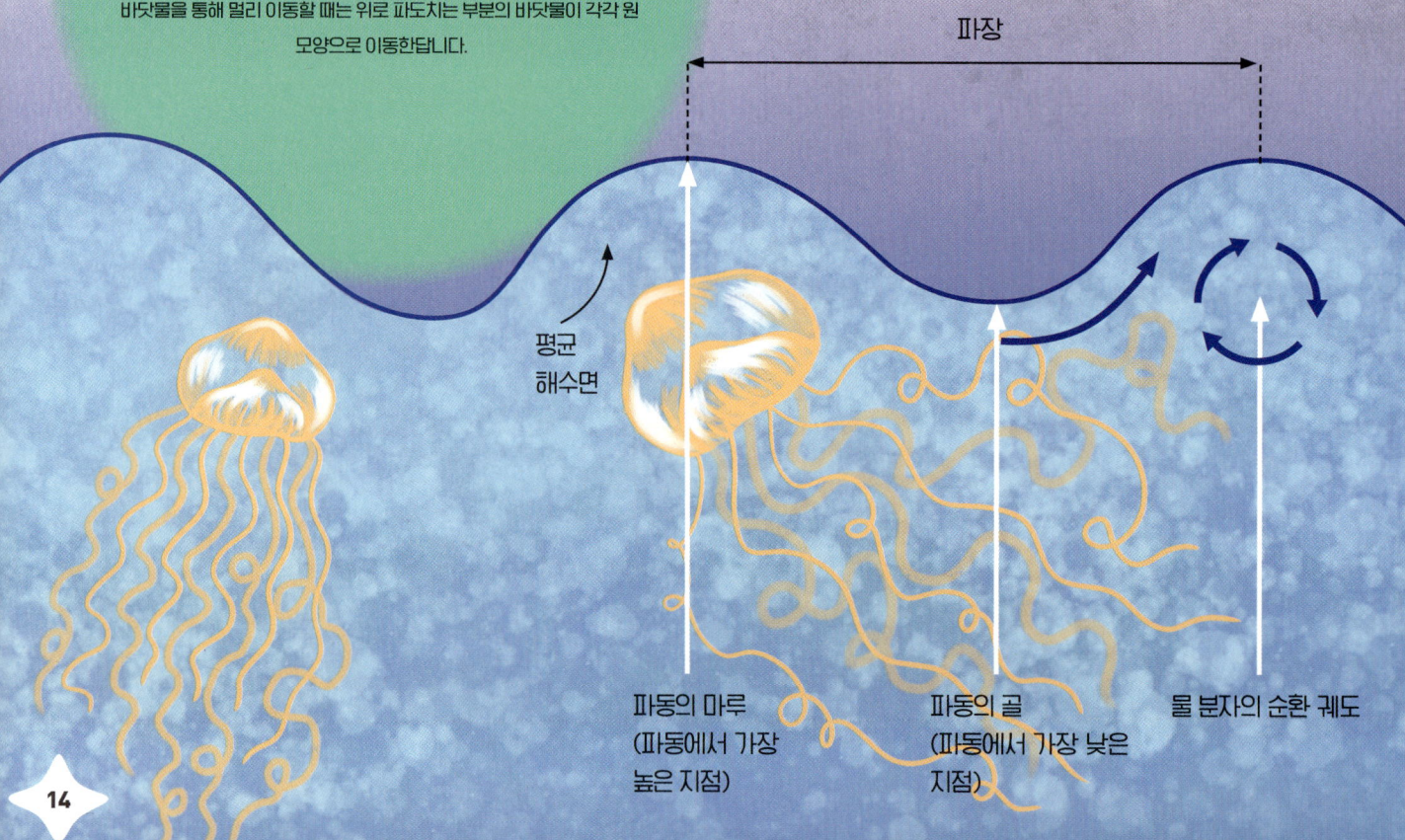

파장

평균 해수면

파동의 마루 (파동에서 가장 높은 지점)

파동의 골 (파동에서 가장 낮은 지점)

물 분자의 순환 궤도

에너지의 파장

빛은 에너지의 종류가 다르면 우리에게 여러 가지로 아주 다양하게 보여요. 예를 들어 우리에게 따스하게 내리쬐는 햇빛은 푸른빛으로만 보이지 않아요. 햇빛 중에서 우리가 맨눈으로도 직접 관측할 수 있는 빛인 가시광선은 흔히 우리가 말하는 무지개 색깔인 빨간색, 주황색, 노란색, 초록색, 파란색, 남색, 보라색의 일곱 가지 빛으로 보이지요.

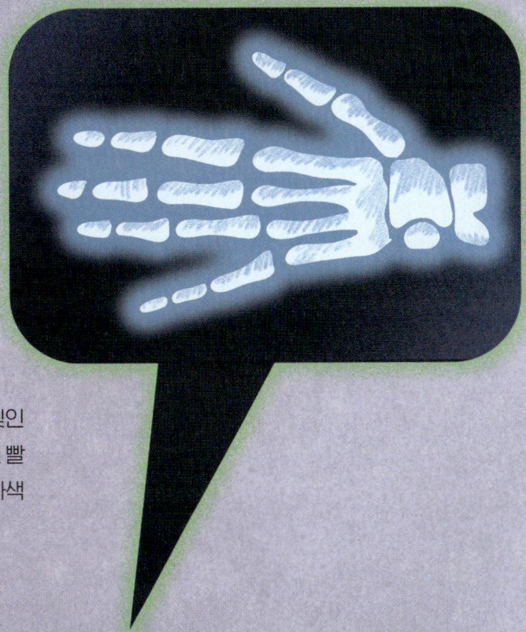

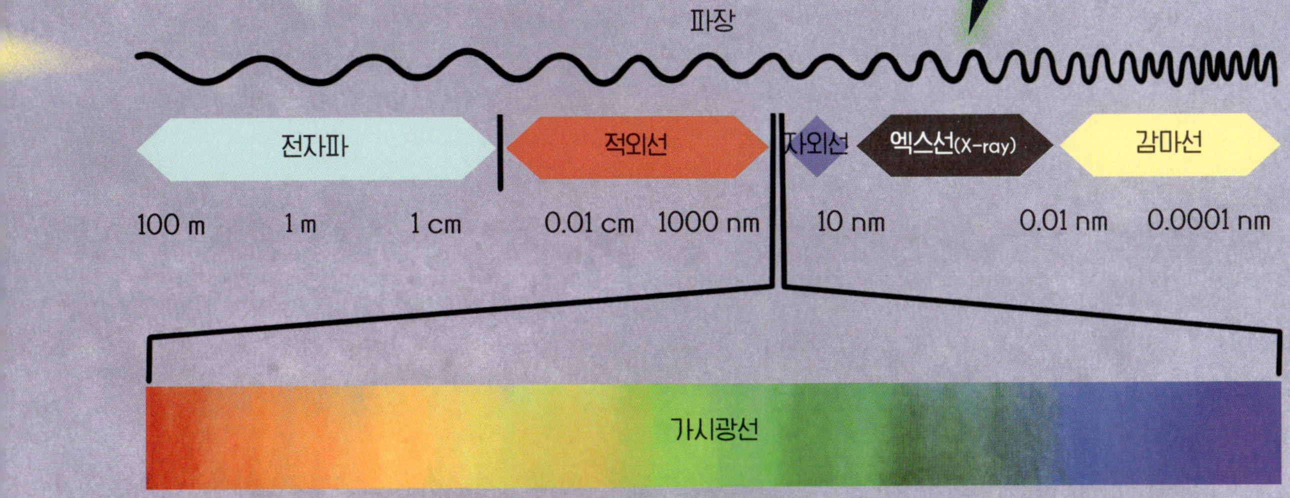

파장

| 전자파 | 적외선 | 자외선 | 엑스선(X-ray) | 감마선 |

100 m 1 m 1 cm 0.01 cm 1000 nm 10 nm 0.01 nm 0.0001 nm

가시광선

하지만 우주를 생각해보면, 우주에서 방출되는 빛도 햇빛과 거의 마찬가지로 에너지의 종류에 따라 우리에게 여러 가지로 아주 다양하게 보인답니다. 실제로 단 한 가지 중요한 사실은 연속적인 두 파동의 동일한 지점 사이의 거리인 파장에 따라 빛의 색깔이 달라진다는 점이에요. 스마트폰에서 사용되는 전자기파는 파장의 길이가 아주 짧게 최소 몇 cm에서 길게 최대 42cm까지 다양하지요. 이를테면 붉은빛의 파장은 635-700nm, 또는 0.0000635-0.00007cm로 아주 짧답니다.

빛, 전자파, 적외선, 가시광선, 자외선, X선, 감마선 등 이러한 전자기파는 모두 똑같은 속도로 이동해요. 전자기파가 모두 똑같은 속도로 이동한다는 의미는 1초에 한 지점을 지나갈 수 있는 파동의 수가 파장의 길이에 따라 달라진다는 뜻이랍니다. 예를 들어 파장이 짧을수록 1초에 한 지점을 지나갈 수 있는 파동의 수는 많아져요. 이와 반대로 파장이 길수록 1초에 한 지점을 지나갈 수 있는 파동의 수는 훨씬 더 적어지지요. 이때 1초에 한 지점을 지나갈 수 있는 파동의 수를 진동수라고 해요. 우리가 흔히 사용하는 휴대전화기의 전파는 1초에 한 지점을 지나갈 수 있는 파동의 수가 무려 30억 개 정도 된답니다!

엄청나게 급팽창한 우주

빅뱅이 일어나기 전에 맨 처음 우주는 그저 아무것도 없이 눈에 보이지도 않을 만큼 아주 작은 한 점에 불과했어요. 하지만 빅뱅이 일어나면서 우주는 거의 순식간에 팽창했고, 순식간에 팽창한 후에도 계속 점점 더 성장하여 아주 작은 한 점에서 모래알만 한 크기로, 그다음은 골프공만 한 크기로, 또 그다음은 자몽만 한 크기로 점점 더더욱 커져만 갔지요. 그런데 실제로 우주가 팽창하는 규모를 살펴보면, 우주는 모래알과 골프공과 자몽과 거의 똑같은 크기에서부터 성장했답니다.

점점 더 성장하는 우주

과학자들은 우주가 결국 얼마만한 크기로 성장했는지를 아주 정확하게 파악하지 못해요. 하지만 우주가 성장하는 속도만큼은 너무나 놀라울 정도로 빨랐답니다. 이를테면 우주는 수십억분의 1초 만에 크기가 최소한 90배 이상으로 커졌지요. 이렇게 수십억분의 1초 만에 90배 이상으로 성장한 우주의 크기는 맨 처음 아주 작은 한 점에 불과했던 우주의 원래 크기보다 100,000,000,000,000,000,000,000,000배 정도 된답니다. 이 수치는 숫자 10에 10을 26번 곱한 값이에요. (그래서 과학자들은 숫자 10에 10을 26번 곱한 이 수치를 간단하게 10^{26}이라고 쓰지요.) 우리는 이처럼 우주가 엄청나게 급성장한 현상을 '우주 팽창'이라고 부른답니다.

우주 팽창

꽁꽁 얼어붙은 입자들

우주 팽창이 시작되었을 때, 우주는 에너지로 가득 차 있었어요. 우주는 언제나 순식간에 팽창하면서 변화하고 있었지만, 에너지는 순식간에 팽창하고 있는 우주에 전체적으로 고르게 나누어 퍼뜨려지지 않았어요. 이런 현상은 눈에 보이지도 않을 만큼 아주 작은 범위에서 일어났지요. 이를테면 우주의 크기는 원자보다 더 작았어요. (바로 다음 페이지에 제시한 '원자는 얼마나 클까요?'를 살펴보세요.) 하지만 우주가 순식간에 팽창하는 동안, 우주 온도는 급격히 하강했어요. 우주에 가득 찬 에너지는 광자라는 미세한 입자들로 이루어져 있는데, 우주가 순식간에 팽창하면서 우주 온도가 급격히 하강하므로 에너지를 이루는 광자라는 미세한 입자들은 딱딱하게 굳은 고체 상태로 꽁꽁 얼어붙었지요. 따라서 바로 다음 페이지에 제시한 '꽁꽁 얼어붙은 입자로 이루어진 에너지 분포' 그림을 살펴보면 알 수 있듯이, 꽁꽁 얼어붙은 입자들로 이루어진 에너지는 순식간에 팽창된 우주에 전체적으로 고르게 나누어 퍼뜨려지지 않았답니다.

우주 팽창이 시작되는 순간, 우주에 가득 찬 에너지를 이루는 광자라는 미세한 입자들은 어마어마할 정도로 아주 크게 부풀려졌어요. 이 현상은 마치 풍선이 매우 크게 부풀려지는 현상과 상당히 비슷하다고 생각하면 가장 이해하기 쉬울 거예요. 만약 우리가 풍선 표면에 별 모양 몇 개를 조그맣게 그려 놓고서 풍선이 부풀려지도록 풍선을 매우 크게 분다면, 풍선이 점점 더 크게 팽창할수록 우리가 풍선 표면에 그려 놓았던 조그마한 별 모양들이 점점 더 커지면서 별 모양들 사이의 거리가 점점 더 멀어질 거예요.

이를테면 풍선은 우주를 말하고, 풍선 표면에 그려 놓았던 별 모양은 우주에 가득 찬 에너지를 이루는 광자라는 미세한 입자들을 말하지요. 풍선이 부풀려지는 동안 풍선 표면에 그려 놓았던 조그마한 별 모양들이 점점 더 커지면서 별 모양들 사이의 거리가 점점 더 멀어질 거예요.

아직도 계속 성장하고 있는 우주

우주는 우주 팽창이 일어난 후에도 성장을 멈추지 않았어요. 하지만 우주 팽창이 일어난 후에도 우주가 계속해서 성장하는 속도는 처음 순식간에 우주 팽창이 일어나던 속도보다 훨씬 더 느린 속도로 성장하고 있답니다. 우주 팽창이 순식간에 일어나고 나서도 그 후 계속해서 성장하고 있는 우주의 크기는 결국 우주 팽창이 순식간에 일어나던 우주의 처음 크기보다 1,000,000,000,000,000,000,000,000,000,000(1030)배 정도까지 성장했지요. 하지만 우주 팽창이 순식간에 일어나고 나서 그 후 우주 성장이 느린 속도로 일어나는 120억 년에서 140억 년 동안 우주가 성장했던 크기는 우주 팽창이 순식간에 일어나는 동안 우주가 성장했던 크기보다 겨우 10,000배 정도밖에 더 성장하지 않았어요. 그런데 처음에는 우주 팽창이 순식간에 일어난 후에 우주가 계속해서 꾸준히 성장하는 속도가 처음 순식간에 우주 팽창이 일어나던 속도보다 훨씬 더 느린 속도로 성장하는 양상을 보였으나, 어느 시점부터 우주가 성장하는 속도는 다시 빨라졌답니다. 지금도 우주가 성장하는 속도는 점점 더 빨라지고 있지요.

꽁꽁 얼어붙은 입자로 이루어진 에너지 분포

원자는 얼마나 클까요?

우리 신체를 포함한 모든 물질은 원자로 이루어져 있어요. 원자는 우리가 맨눈으로 직접 관측할 수 없을 정도로 크기가 아주 작답니다. 하지만 원자는 종류에 따라 크기가 조금씩 달라요. 그래서 어떤 원자는 다른 원자들보다 크기가 더 크기도 하고, 또 어떤 원자는 다른 원자들보다 크기가 더 작기도 하지요. 실제로 모래 한 알은 원자 300,000,000,000,000,000,000개 정도로 이루어져 있어요. 이 수치는 숫자 300에 100만과 1조를 곱한 값으로서 '3해' 정도 된답니다!

우주 팽창이 일어난 후에 태양계가 속한 은하계는 에너지가 가장 많은 곳에서 탄생했지요.

우주에서의 제한 속도

전등을 켜면, 우리는 전등을 켜는 즉시 전등에서 흘러나오는 빛을 관측할 수 있어요. 이때 빛은 놀라울 정도로 몹시 빠르게 이동한답니다. 이를테면 빛은 이동 속도가 30만km/s로서, 진공 상태에서 1초 동안에 30만km를 이동하고 1시간에 대략 10억km 정도를 이동하지요. 하지만 태양은 지구에서 아주 멀리 떨어져 있으므로, 태양에서 흘러나오는 빛이 지구에 도달하기까지는 8분 정도가 걸려요. 그래도 8분이라는 시간은 우리에게 그리 긴 시간이 아니에요. 하지만 우리가 우선 지구에서 아주 상당히 더 멀리 떨어져 있는 천체를 관측하려고 한다면, 아주 상당히 더 멀리 떨어져 있는 천체에서 흘러나오는 빛이 우리에게 도달하는 데 걸리는 시간은 대단히 중요하게 여겨지지요. 수많은 별 가운데 지구에서 가장 가까운 별은 사실 지구에서 상당히 먼 거리로 떨어져 있어요. 그러므로 지구에서 가장 가까운 별이라 해도 실제로 지구에서 상당히 먼 거리에 떨어져 있는 이 별에서 흘러나오는 빛은 우리 지구에 도달하기까지 무려 4년 10주나 걸린답니다.

광년은 거리를 나타내는 단위이지, 시간을 나타내는 단위가 아니에요

빛이 완전한 진공 상태에서 1년 동안 나아가는 거리를 광년이라고 해요. 천문학자들은 우주에서 천체와 천체 사이의 아주 먼 거리를 나타낼 때 광년이라는 단위를 사용했지요. 빛은 진공 속에서 1초 동안에 약 30만km를 나아가므로, 빛이 1년 동안 나아가는 거리인 1광년은 거의 9조 5,000억km 정도 된답니다. 빛보다 더 빠르게 나아갈 수 있는 것은 이 세상에 아무것도 없어요. 이를테면 빛의 속도가 바로 우주의 제한 속도랍니다.

센타우루스자리 알파 A는 지구에서 4.4광년 떨어져 있는 항성계이지요.

해왕성은 지구에서 평균 4.2 광시 떨어져 있는 행성이지요.

달은 지구에서 1.3광초 떨어져 있는 지구의 위성이지요.

시간과 공간(시공간)

우리가 천체망원경이 없이도 그냥 맨눈으로 직접 관측할 수 있는 별들 가운데 지구에서 가장 멀리 떨어져 있는 별은 사실 지구에서 16,300광년 정도 떨어져 있는 별이에요. 지구에서 가장 멀리 떨어져 있는 이 별에서 뿜어져 나오는 빛을 지금 우리가 관측하고 있지만, 지금 우리가 관측하고 있는 별빛은 실제로 16,300년 전에 가장 멀리 떨어져 있는 이 별에서 뿜어져 나온 빛이랍니다. 다시 말해서 현재 우리가 관측하고 있는 별빛은 아주아주 머나먼 옛날에 별에서 뿜어져 나온 빛이지요. 만약에 빛이 300년 전에 별에서 뿜어져 나왔다면, 300년 전에 별에서 뿜어져 나온 빛을 우리는 지금으로부터 16,000년이 지난 후에야 관측할 수 있답니다.

세계에서 가장 성능이 뛰어난 천체망원경으로 별빛을 관측한다면, 이때는 그저 맨눈으로 별빛을 직접 관측할 때보다 훨씬 더 아주아주 머나먼 옛날에 별에서 뿜어져 나온 빛을 관측할 수 있을 뿐이지요. 이를테면 세계에서 가장 성능이 뛰어난 천체망원경으로는 수십억 년 전에 별에서 뿜어져 나온 빛을 관측할 수 있고, 별과 은하가 어떻게 형성되었는지도 면밀하게 살펴서 조사할 수 있답니다. 고성능 천체망원경으로 관측하는 방식은 두 가지로 생각해볼 수 있어요. 이를테면 고성능 천체망원경으로 지구에서 별과 은하와 행성을 관측하듯이, 고성능 천체망원경으로 별과 은하와 행성에서 지구를 관측할 수도 있답니다. 예를 들어 지구에서 7,000만 광년 떨어진 행성에 살고 있는 한 외계인이 세계에서 가장 성능이 뛰어난 천체망원경으로 지구를 관측한다면, 이 외계인은 아주아주 머나먼 옛날인 공룡 시대에 존재하는 지구를 관측하고 있을 거예요.

안드로메다 은하는 지구에서 250만 광년 떨어져 있는 나선형 은하이지요.

팽창하는 우주

우주가 팽창하는 동안, 우주는 빛의 속도보다 훨씬 더 빠르게 성장했어요. 이 말은 마치 빛보다 더 빠르게 나아갈 수 있는 것은 이 세상에 아무것도 없다고 앞에서 언급했던 규칙을 어기는 거라고 생각할 수 있어요. 하지만 우주가 팽창하는 동안 빛은 우주가 팽창하는 만큼 우주 공간에서 더 이동하지 못했답니다! 앞에서 우리가 풍선 표면에 별 모양 몇 개를 조그맣게 그려 놓고서 풍선이 부풀려지도록 풍선을 매우 크게 불었을 때, 풍선이 점점 더 크게 팽창할수록 우리가 풍선 표면에 그려 놓았던 조그마한 별 모양의 크기들이 점점 더 커지고, 별 모양들 사이에 새로운 공간이 생기면서 별 모양들 사이의 거리가 점점 더 멀어지는 현상이 발생했지요. 우주도 이와 비슷한 현상이 발생하여 우주가 점점 더 크게 팽창할수록 놀랍게도 시간과 공간이 새롭게 생겨났어요. 이러한 현상은 순식간에 너무 빠르게 일어났지요.

15분 만에 만들어진 우주

우주는 1초도 훨씬 안 되는 시간 동안 순식간에 팽창하였고, 우주 팽창이 일어난 후에도 성장을 멈추지 않았어요. 그런데 우주가 순식간에 팽창하면서도 다음 단계로 진행되는 과정에서 물질이 신비롭게 탄생할 수 있었지요.

웅덩이에 괴어 있는 물

행성

풍선 안에 들어 있는 기체

식물

제조된 물체

포유동물

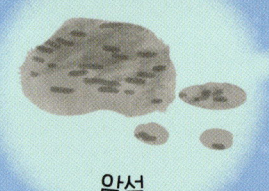
암석

물질은 실제로 특정한 공간의 일부를 차지하면서 특별히 무언가 다양하게 자연 현상을 일으키는 에너지일 뿐이에요. 이를테면 우주에 가득 찬 에너지 속에서 탄생하여 결정화된 분자와 원자, 원자 이하의 양성자, 중성자, 전자, 쿼크, 암흑 물질 등을 물질이라고 생각하면 돼요. 우주에서 탄생한 물질 가운데 가장 먼저 탄생한 물질은 '쿼크(quark)'라는 아주 미세한 입자였어요. 쿼크는 우리 우주를 구성하는 가장 기본적인 입자랍니다. 또한 쿼크로 이루어진 입자가 양성자와 중성자이며, 양성자와 중성자는 원자의 한 가운데 중심에 존재한 원자핵을 구성하는 입자이지요. 이러한 원자핵과 전자로 이루어진 입자가 원자이며, 원자는 우리 주변에 존재하고 있는 모든 물질을 구성하는 기본 입자랍니다.

뜨거운 물질과 차가운 물질

우주가 순식간에 팽창하는 동안, 우주 온도는 급격하게 하강했어요. 따라서 우주는 지금도 여전히 점점 더 팽창하고 있으므로, 우주 온도는 지금도 여전히 점점 더 하강하고 있지요. 이런 이유로 현재 우주 공간은 실제로 온도가 낮아져 한기를 느낄 정도로 춥답니다. 물질의 온도가 높아져서 뜨거워지면, 뜨거운 물질을 구성하는 입자들은 에너지를 많이 갖고 있으므로 움직임이 활발하여 빠르게 이동해요.

가장 맨 처음 만들어진 물질

우주가 차갑게 냉각되면서 우주를 구성하는 가장 기본적인 입자인 쿼크들은 서로서로 부딪치며 함께 달라붙어서 아주 천천히 이동하고 있었어요. 이때 쿼크 3개가 모여 이루어진 입자를 양성자와 중성자라고 해요. 오른쪽 그림에서 볼 수 있듯이 양성자는 업 쿼크(위 쿼크) 2개와 다운 쿼크(아래 쿼크) 1개로 이루어져 있고, 중성자는 업 쿼크 1개와 다운 쿼크 2개로 이루어져 있지요. 우리가 우주에서 관측할 수 있는 모든 물질은 우주에서 맨 처음 형성된 쿼크 가운데 가장 가벼운 업 쿼크와 쿼크 가운데 두 번째로 가벼운 다운 쿼크가 서로 모여 형성된 양성자와 중성자로 이루어진 거랍니다. 일단 쿼크들은 서로서로 같이 모이면 영원히 함께 붙어 있어요. 그래서 쿼크 3개가 모여 이루어진 양성자와 중성자는 다시 쿼크 3개로 절대 분리되지 않아요. 다시 말해서 이제는 양성자와 중성자에서 쿼크 3개가 다시 분리되어 나올 수 없답니다.

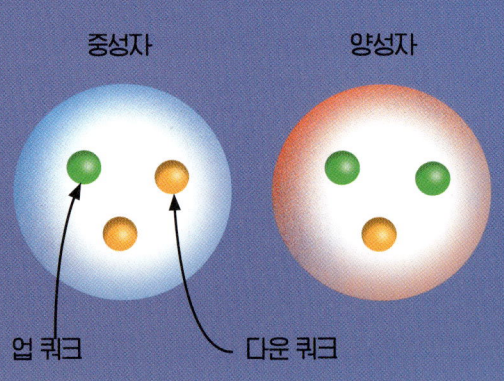
중성자 / 양성자 / 업 쿼크 / 다운 쿼크

서로서로 달라붙는 양성자와 중성자

양성자와 중성자는 사방으로 잽싸게 돌아다니면서 양성자와 중성자도 쿼크와 마찬가지로 서로서로 부딪치며 함께 달라붙기 시작했어요. 하지만 중성자보다는 양성자가 훨씬 더 많이 존재했으므로, 달라붙지 않은 중성자보다 달라붙지 않은 양성자가 훨씬 더 많이 남아 있었지요. 양성자는 중성자와 함께 원자의 중심핵을 구성하는데, 수소 원자의 중심핵에는 양성자 1개로 구성되어 있어요. 수소는 모든 화학 물질 가운데 가장 가벼운 기체 원소랍니다. 또한 맨 처음 양성자 2개가 서로 함께 달라붙고 중성자 2개가 서로 함께 달라붙은 다음에 서로 달라붙은 양성자 2개와 중성자 2개가 또 서로 함께 달라붙으면, 결국 양성자 2개와 중성자 2개로서 전체적으로 입자 4개가 서로 달라붙어 있게 되지요. 이렇게 달라붙은 양성자 2개와 중성자 2개는 헬륨 원자의 중심핵을 구성하고 있어요.

새

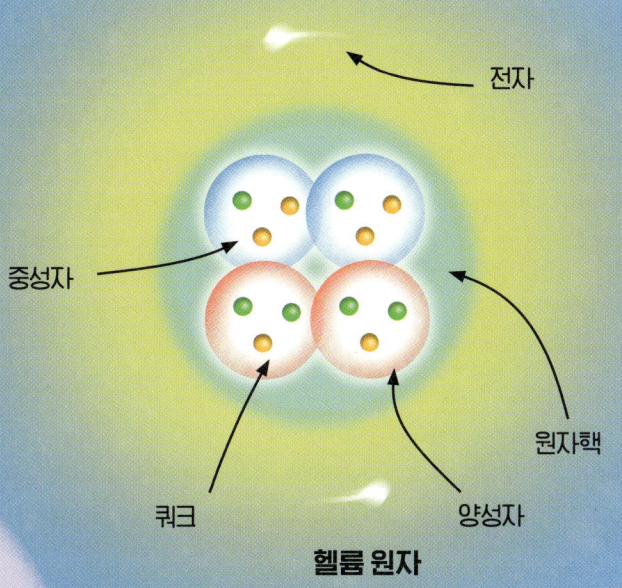

전자
중성자
원자핵
쿼크
양성자
헬륨 원자

물질과 반물질

우주가 순식간에 팽창하는 동안에 우리 주변에서 볼 수 있는 모든 물질이 탄생했지만, 이때 모든 물질뿐만 아니라 많은 반물질도 함께 탄생했어요. 이를테면 반물질은 보통 양성자, 중성자, 전자로 구성되어 있는 물질에 반대되는 것으로서, 반양성자, 반중성자, 반전자 등으로 구성되어 있지요. 물질이 서로 반대되는 반물질과 만나면, 예를 들어 양성자와 반양성자, 중성자와 반중성자, 전자와 반전자 등이 서로 만나면, 서로 만나는 순간 물질과 반물질은 상반되는 성질에 서로 영향을 받아 모두 사라져 없어지게 된답니다. 다행히도 물질이 반물질보다 약간 더 많았으므로, 물질이 남아 있게 되었지요. 하지만 만약에 물질과 반물질의 양이 서로 같았다면, 우주가 순식간에 팽창하는 동안에 물질과 반물질이 탄생했더라도 물질과 반물질이 서로 만나서 상반되는 성질에 서로 영향을 받아 결국에는 물질과 반물질이 모두 사라져 없어졌을 거예요. 게다가 우리도 지금 여기에 존재하지 않았을 겁니다!

물질과 반물질은 서로 만나는 순간 상반되는 성질에 서로 영향을 받아 모두 사라져 없어지게 되지요.

물질
반물질

오렌지색으로 물든 우주

우주가 순식간에 팽창하는 동안에 양성자와 중성자가 탄생하여 사방으로 잽싸게 돌아다녔지만, 이때 양성자와 중성자뿐만 아니라 전자와 광자도 탄생하여 사방으로 잽싸게 돌아다녔어요. 전자와 광자는 양성자와 중성자보다 크기가 훨씬 더 작고, 에너지를 아주 적게 갖고 있지요. 전자는 음전하를 나르는 입자 중에서 가장 기본이 되는 입자이며, 원자 속에서 원자핵 주위에 분포되어 있어요. 전등과 컴퓨터 등에 전력을 공급할 수 있도록 전선으로 전류를 흐르게 만들어 전기를 발생시키는 입자도 바로 전자랍니다. 또한 빛은 파동의 성질과 입자의 성질을 모두 지니고 있어요. 다시 말해서 빛은 파동이기도 하고 입자이기도 하지요. 그래서 빛을 파동으로 보았을 때는 빛의 이름이 전자기파이고, 빛을 아주 미세한 입자로 보았을 때는 빛의 이름이 광자랍니다.

맨 처음 탄생한 원자

전자는 전기적으로 음(-)전하를 띠고 있고, 양성자는 전기적으로 양(+)전하를 띠고 있어요. 같은 종류의 전하는 서로 밀어내고 다른 종류의 전하는 서로 끌어당기므로, 전자와 양성자는 서로 끌어당긴답니다. 수십만 년 동안, 양성자와 전자들은 사방으로 너무 잽싸게 돌아다녀서 서로 충돌하기도 하고 충돌하는 순간 서로 곧바로 튕겨 나가기도 했어요. 하지만 우주가 순식간에 팽창하고 우주 온도가 급격히 하강하면서, 아주 잽싸게 돌아다녔던 양성자와 전자들은 모두 움직임이 약간씩 더 느려졌지요. 379,000년이 지나서 우주 온도는 아주 많이 하강했고, 이때 양성자와 전자들은 움직임이 더욱 느려져서 사방으로 느리게 돌아다니다가 서로 충돌하여 함께 달라붙게 되었어요. 그러면서 맨 처음으로 원자가 탄생했답니다. 이를테면 수소 원자의 중심핵에는 양성자 하나로 구성되어 있는데, 수소 원자의 중심핵을 구성한 양성자 하나가 전자 하나를 끌어당겨 붙들면서 수소 원자가 탄생하게 되었지요. 또한 헬륨 원자의 중심핵에는 양성자 2개와 중성자 2개로 구성되어 있는데, 헬륨 원자의 중심핵에 존재한 양성자 2개가 각각 전자 하나씩을 끌어당겨 전체적으로 전자 2개를 붙들면서 헬륨 원자가 탄생하게 되었답니다.

전자: 음(-)전하 양성자: 양(+)전하
중성자

대부분 비어 있는 공간

원자는 대부분 공간이 텅텅 비어 있어요. 원자의 한가운데에는 크기가 아주 작은 원자핵이 존재하고, 전자는 원자핵에서 아주 멀리 떨어져 원자핵 주위를 돌며 원자핵 주위의 넓은 공간을 차지하고 있지요. 만약에 수소 원자의 중심핵이 완두콩만한 크기라면, 수소 원자는 완두콩 크기의 70,000배로서 수소 원자의 가로지름이 350m 정도 될 거예요. 또한 만약에 원자핵이 태양의 위치에 있다면, 전자는 태양 주위를 공전하는 행성인 해왕성보다 훨씬 더 멀리 떨어져서 원자핵 주위를 돌 겁니다.

오렌지색에서 새롭게 검은색으로 물든 우주

우주가 순식간에 팽창할 때, 이때 순간적으로 강렬히 번쩍이는 빛은 오렌지색(주황색)을 띠고 있었어요. 과학자들은 당시 순식간에 팽창하는 우주의 온도를 계산하여 우주가 순식간에 팽창할 때 순간적으로 강렬히 번쩍이는 빛이 오렌지색을 띠고 있었다는 결론을 내릴 수 있었지요.

하지만 우주는 이제 더 이상 오렌지색을 띠고 있지 않아요. 현재 우리가 우주 공간을 들여다보면, 우주는 검은색을 띠고 있답니다. 순식간에 팽창했던 우주가 점점 더 차갑게 냉각되면서 이때 방출되는 빛의 파장이 길어졌지요. 이제는 빛의 파장이 너무 많이 길어져서 거의 일반적으로 음식을 조리하는 전자레인지의 마이크로파 범위랍니다. 우리는 마이크로파를 맨눈으로 직접 관측할 수 없지만, 마이크로파 때문에 우주 공간이 검은색으로 보이는 거예요.

우주가 순식간에 팽창할 때 맨 처음으로 안개 속을 뚫고 나와 순간적으로 강렬히 번쩍이는 빛은 오렌지색을 띠고 있었어요.

빛을 위해 탄생한 공간

양성자와 중성자로 이뤄진 원자핵과 원자핵에서 아주 멀리 떨어져 원자핵 주위를 도는 전자가 함께 구성되어 원자가 탄생하자마자, 이내 곧 우주 공간은 속이 훤히 들여다보이고 빛이 통과할 수 있을 정도로 투명해졌어요. 우주 공간이 전자와 양성자, 헬륨 원자핵 등으로 꽉 막혀 있을 때는 광자가 여기저기로 매우 빠르게 아주 멀리 이동할 공간이 거의 없었답니다. 광자는 꽉 막혀 있는 우주 공간에서 무언가에 부딪쳐 멀리 이동할 수 없었어요. 이 현상은 마치 지표면 가까이에 아주 작은 물방울이 뿌옇게 떠 있는 안개 속으로 손전등을 비추는 것과 같았지요.

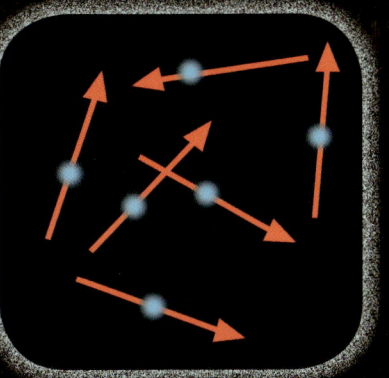

입자들은 온도가 높아져 뜨거워지면 아주 빠르게 움직이고, 입자들끼리 서로 충돌할 가능성이 커집니다.

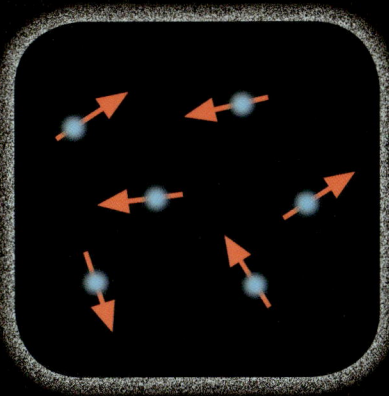

입자들은 온도가 낮아져 차가워지면 아주 느리게 움직이고, 입자들끼리 서로 충돌할 가능성이 작아집니다.

셀카 사진을 찍는 우주

광자가 여기저기 매우 빠르게 아주 멀리 이동할 정도로 자유로워졌을 때도 우리는 여전히 에너지가 폭발하는 현상을 추적하여 밝혀낼 수 있어요. 에너지가 폭발하는 현상을 추적하고 관찰하다 보면, 우주가 순간적으로 폭발했을 당시에 에너지가 우주 공간에 어떻게 분포되었는지를 지도로 나타낼 수 있답니다. 우주가 순간적으로 폭발했을 당시 에너지 분포 지도를 살펴보면 우주가 팽창하면서 약간씩 차이를 두고 정해진 범위에서 에너지가 발생했어요. 에너지 분포 지도는 빅뱅이라는 우주 대폭발이 일어나고 나서 379,000년이 지난 후에 마치 우주가 자신의 모습을 담아 셀카 사진을 찍은 것 같지요.

우주 마이크로파 배경 복사

빅뱅이라는 우주 대폭발이 일어나고 나서 379,000년이 지난 후에 발생한 에너지 폭발을 우주 마이크로파 배경 복사(CMBR)라고 해요. 우주 마이크로파 배경 복사는 우주 공간 전체에 골고루 퍼져 있는 전자기복사를 뜻하며, 현재 우주의 온도와 빅뱅 초기 우주의 온도를 측정할 때에 이용하는 관측 자료이지요. 또한 우주 마이크로파 배경 복사는 우주 공간에서 다른 모든 방사선의 배경 복사를 형성하고, 전자기파 스펙트럼 가운데 마이크로파로 관측되는 가장 강한 우주 방사선이랍니다.

직접 확인해 보세요

만약에 우리가 요즘 디지털 라디오가 아닌 옛날 구식 아날로그 라디오를 조정하여 주파수를 맞춘다면, 빅뱅이 일어나면서 방출된 전자기파의 파장이 수십억 년에 걸쳐 매우 길어지면서 전파(라디오파)로 연결되어 옛날 구식 아날로그 라디오를 들을 수 있어요. 또한 아날로그 라디오 주파수를 맞출 때 배경음으로 윙윙거리는 소리 부분에서도 드문드문하게 우주 방사선의 흔적을 볼 수 있답니다.

울퉁불퉁한 혹투성이 우주

과학자들은 울퉁불퉁한 '혹투성이'인 우주의 모습을 확실하게 재현하기 위해 우주 마이크로파 배경 복사 지도를 만들게 되지요. 우주 마이크로파 배경 복사 지도는 지구에서 아주 정확한 거리에 떨어져 있는 어딘가에서 방사선을 방출하여 곧바로 현재 우리 지구로 도달하는 방사선을 순간 촬영한 사진이에요. 이때 어딘가에서 방출한 방사선이 지구로 도달한 거리는 천체망원경의 성능이 아무리 뛰어나게 발달했다 하더라도 우리가 관측할 수 있을 정도로 멀리 떨어져 있는 거리인 우주의 가장자리까지를 말한답니다.

지구에서 관측한 우주 마이크로파 배경 복사이지요.

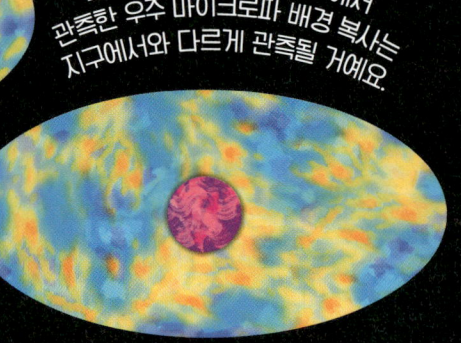

또 다른 은하에 속한 행성에서 관측한 우주 마이크로파 배경 복사는 지구에서와 다르게 관측될 거예요.

실제로 우주는 얼마나 클까요?

우리가 관측할 수 있는 우주의 크기는 우리가 관측하여 정보를 얻을 수 있는 우주의 모든 범위를 말해요. 그렇다고 해서 우리가 관측하여 정보를 얻을 수 있는 우주의 범위가 실제 우주의 완전한 크기는 아니랍니다. 우주는 전체적으로 훨씬 더더욱 팽창할 수 있기 때문이에요. 우리가 관측할 수 있는 우주의 가장자리는 모든 방향에서 465억 광년 정도 떨어져 있어요. 따라서 우리가 관측할 수 있는 우주의 크기는 우주의 가로지름이 930억 광년 정도 된답니다.

굉장히 먼 거리에서 관측하는 빛

만약에 우주 나이가 138억 년 정도 되었다면, 우리는 우주에서 방출한 빛을 모든 방향에서 138억 광년 정도 멀리 떨어진 곳에서 관측할 수 있을 거예요. 하지만 우주에서 방출한 빛을 실제로는 138억 광년보다 훨씬 더 먼 거리에서 관측할 수 있답니다. 우주는 계속해서 팽창하고 있으므로, 점점 더 팽창하고 있는 우주 공간에서 지구와 다른 천체 사이의 거리가 점점 훨씬 더 멀어지는 모습을 관측할 수 있지요. 우주에서 방출한 빛이 우리 지구 쪽으로 이동하기 시작한 후로도 우주가 계속해서 점점 더 팽창하고 있으므로, 우리 지구와 지구에서 멀리 떨어져 있는 은하 사이의 거리도 훨씬 더욱더 멀어졌답니다. 우주는 계속해서 점점 더 팽창하고 있기 때문에, 우주에서 빛이 처음 출발한 지점은 우리 지구에서 조금씩 더더욱 멀어지고 있지요. 그렇지만 우주에서 방출한 빛은 실제로 교묘하게 '속임수'를 써서 한발 더 앞서 나간답니다.

우주에서 맨 처음 태어난 별

우주에서 빛이 폭발하고 우주 공간이 투명해진 후에야 광자들은 우주 공간을 여기저기 자유롭게 이동하기 시작했어요. 하지만 투명해졌던 우주는 다시 캄캄하게 어두워졌지요. 1억 8천만 년 동안, 빅뱅이 일어나고 나서 370,000년 후부터 첫 번째 별이 빛나기 전까지 시대인 '우주 암흑시대'에는 별도 은하도 빛도 존재하지 않았고, 심지어 관측할 만한 것이 아무것도 없었답니다.

맨 처음으로 별이 반짝반짝 빛나기 시작하면서 마침내 우주 암흑시대는 끝이 났어요. 지금 우리가 살고 있는 우주와 유사하게 닮은 무언가가 아주 어두컴컴한 우주 공간에서 모습을 드러내기 시작했지요.

이렇게 맨 처음으로 반짝반짝 빛나기 시작한 별은 엄청나게 눈부시도록 찬란하게 반짝였고, 우리 태양보다 수백 배 또는 수천 배 더 선명하고 밝게 타올랐어요. 밝게 타오른 별들은 수명이 오래 지속되지 않았을 테지만, 모든 항성이 현재 우리가 살고 있는 지구까지 곧바로 계속 이어질 수 있도록 가능하게 만들어졌답니다.

텅 빈 우주

만약에 우리가 1억 년 전 당시 우주 공간에 서 있었다면, 우리는 1억 년 전 당시 우주 공간에 서서 아무것도 보지 못했을 거예요. 그저 아무것도 없는 우주 공간에 서서 가슴이 저리도록 느끼는 쓸쓸함과 공허함만 사방으로 퍼져나갔을 겁니다. 그래도 우주 공간은 아주 캄캄하고 어두웠지만, 그렇다고 해서 아주 캄캄한 우주의 모든 공간이 다 똑같지는 않았지요.

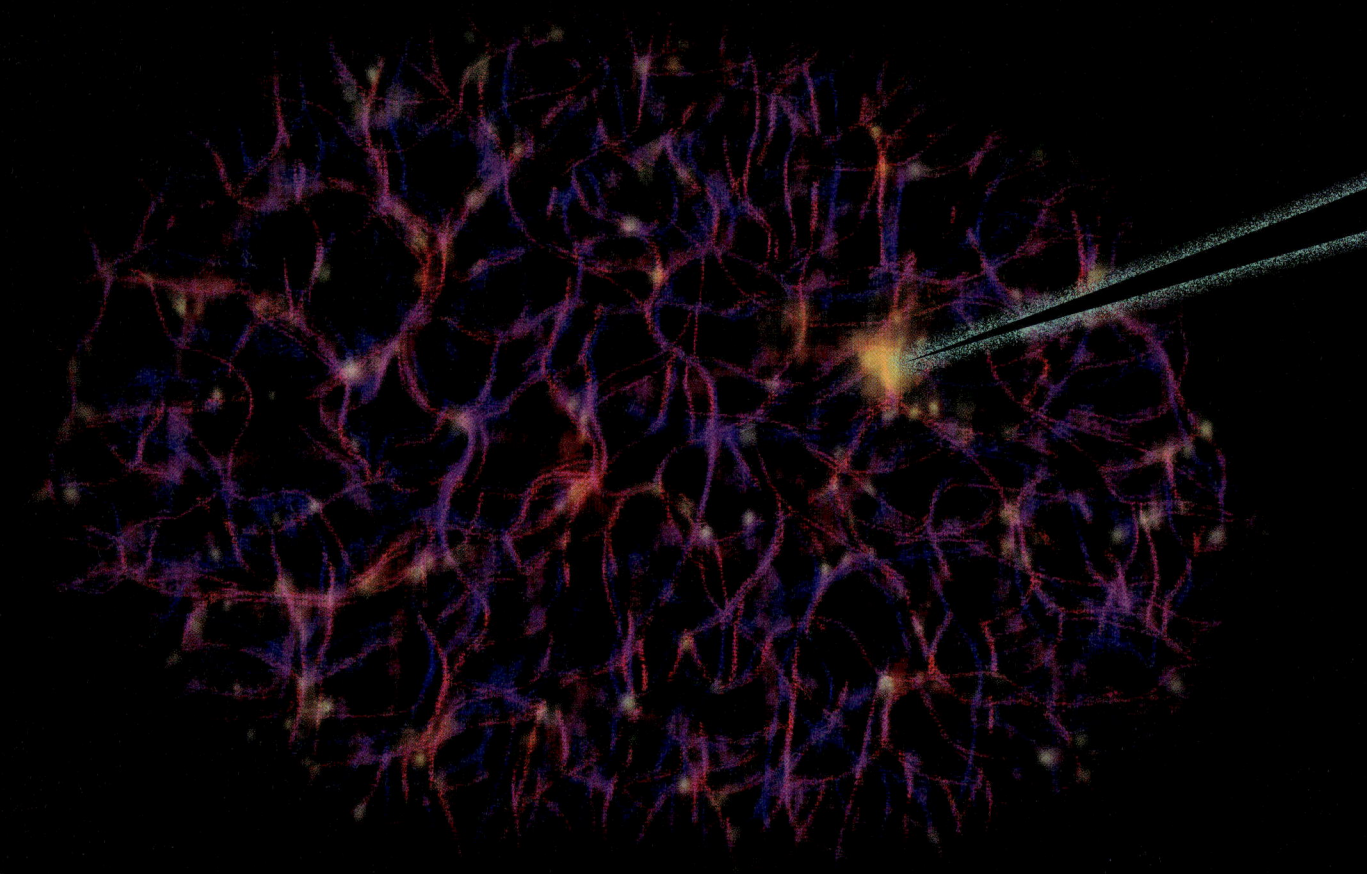

기체(가스)와 중력

우주를 대부분 구성하는 성분 물질은 바로 수소와 헬륨 원자였어요. 다시 말하면, 우주는 대부분 수소와 헬륨으로 이루어져 있지요. 이를테면 우리 주변 모든 곳에 골고루 펴져 있는 기체 가운데 가장 가벼운 기체가 수소 기체이고, 수소 기체 다음 두 번째로 가벼운 기체가 헬륨 기체랍니다. 기체는 우리 주변 어디에든 고르게 퍼져 있으므로, 우리에게 아주 익숙하지요. 또한 기체는 우리가 일상생활에서도 쉽게 접할 수 있어요. 만약에 우리가 방에서 냄새나는 음식을 밀봉해 놓은 밀폐된 용기의 뚜껑을 열면, 음식 냄새는 곧바로 방 전체 공기 중으로 퍼지게 되지요. 하지만 방은 그저 아주 작은 공간일 뿐이에요. 방보다 훨씬 더 넓은 공간에서 방출되는 기체는 작은 공간에서 방출되는 기체와 약간 다르게 작용한답니다.

지구의 대기 속에 존재하는 기체는 중력이 가장 강한 지표면 근처에 가장 두텁게 많이 분포해 있고, 공기 중으로 더 높이 올라갈수록 점점 더 얇고 적게 분포해 있어요. 지구를 둘러싸고 있는 얇은 공기층인 대기권의 꼭대기에서 기체가 우주 공간으로 새어 나가기 때문이랍니다. 하지만 대기권 꼭대기에서 모든 기체가 우주 공간으로 빠져나가지는 않아요. 그건 바로 중력이 기체 대부분을 우리 지구에 아주 가까이 붙들어 잡고 있기 때문이지요.

기체가 밀집한 우주 공간

빅뱅이 일어난 시점부터 우주 나이 38만 년 정도까지를 초기 우주라고 해요. 초기 우주는 기체가 두텁고 빽빽하게 밀집해 있는 공간과 기체가 좀 더 얇고 넓게 퍼져 있는 공간이 존재하고 있었어요. 이렇게 기체의 양이 다르게 분포되어 있는 공간들은 우주 팽창이 일어나기 전에 나타나는 우주의 패턴을 따랐지요. 기체가 가장 두텁고 빽빽하게 밀집해 있는 공간에서는 중력이 가장 강했어요. 또한 중력이 가장 강한 공간에서는 기체가 가장 두텁고 빽빽하게 밀집해 있었지요! 이처럼 기체의 양이 중력의 크기를 좌우하냐, 아니면 기체를 더 많이 끌어당기는 중력이 기체의 양을 좌우하냐, 다시 말해서 기체의 양과 중력의 크기 중에 어느 것이 먼저냐를 따지는 현상은 마치 닭과 달걀 같은 상황으로서 닭이 먼저냐, 달걀이 먼저냐, 닭과 달걀 중에 어느 것이 먼저냐를 따지는 현상과 약간 비슷하답니다.

온도가 높은 우주 공간

빅뱅이라는 우주 대폭발이 일어나고 나서 379,000년이 지난 후에 마치 우주가 자신의 모습을 담아 셀카 사진을 찍어 놓은 듯한 우주 마이크로파 배경 복사 지도를 살펴보면, 팽창한 우주 끝자락에 얼어붙을 정도로 온도가 낮거나 에너지가 적게 분포한 우주 공간과 온도가 높거나 에너지가 많이 분포한 우주 공간이 존재한다는 사실을 알 수 있어요. 처음에는 우주 공간에 나타나는 온도 차이가 아주 적었고, 약간 고르지 않은 질감만 나타날 뿐이었어요.

하지만 나중에는 기체가 '온도가 높은 우주 공간'에서 두텁고 빽빽하게 밀집하게 되었어요. 이를테면 기체가 가장 많이 존재한 공간에서는 중력이 기체를 훨씬 더 가까이 끌어당겨 아주 밀집된 기체 덩어리를 형성했지요. 이렇게 형성된 기체 덩어리들은 또한 바로 가까이에 있는 다른 기체들을 점점 더 많이 끌어들여서 기체 덩어리들 사이에 존재하는 빈 공간을 더욱더 넓히고, 기체 덩어리들 사이에 갈라진 틈을 더더욱 벌어지게 했어요. 그러면서 기체 덩어리들은 점점 더 많이 덩어리지고, 크기가 점점 더 커졌답니다. 그 결과 우주의 모습은 마치 구멍이 숭숭 난 스펀지 같았고, 기체 덩어리들 사이에 벌어진 틈으로 빽빽하게 밀집된 기체가 길고 가는 다란 실 가닥처럼 줄줄 흘러나왔어요. 만약에 우리가 이런 우주 공간을 헤치며 걸어갈 수 있었다면, 기체가 함께 덩어리져서 빽빽하게 밀집된 공간에서는 조금 더 따뜻했을 테고, 기체 덩어리들 사이에 벌어진 틈으로서 마치 구멍이 난 듯이 기체가 텅텅 비어 있는 공간에서는 어마어마하게 더 추웠을 거예요. 우주는 지금도 여전히 이런 구조를 이루고 있지만, 규모는 훨씬 더 커졌답니다. 나중에 탄생한 별과 은하가 바로 기체가 빽빽하게 밀집된 공간에서 성장했지요.

별의 탄생

놀랍게도 기체가 빽빽하게 밀집되어 덩어리진 기체 구름과 기체가 텅텅 비어 있는 우주 공간만으로 이루어진 거대한 스펀지 같은 구조는 수백만 년에 걸쳐 캄캄한 어둠 속에서 밝게 타오르는 별들을 탄생시켰어요.

실 모양 기체에서 별의 탄생까지

덩어리진 기체 구름들 사이에 벌어진 틈으로 길고 가느다란 실 가닥처럼 줄줄 흘러나오는 기체는 같은 공간을 지나가고 통과하며 서로 교차하는 지점에서 하나로 합쳐져 훨씬 더 빽빽하고 밀집된 기체 구름이 형성되었어요. 기체 구름은 기체가 가장 빽빽하게 밀집된 공간이 중력의 영향을 받아서 붕괴될 때까지 점점 더 빽빽하게 밀집되고 더더욱 크게 덩어리졌답니다. 덩어리진 기체 구름은 마치 통제할 수 없을 정도로 점점 더 빠르게 폭주하는 열차처럼 와르르 붕괴하였어요. 기체 구름의 한가운데에서는 온도와 압력이 최고 정점에 도달할 때까지 계속 증가했지요. 덩어리진 기체 구름은 기체가 너무 빽빽하게 들어차서 타오르듯이 빛이 날 정도로 뜨거워졌어요. 그러다 이때 맨 먼저 희미하게 반짝이는 빛이 있었는데, 이 빛은 나중에 실제로 별빛이 될 빛이었답니다.

기체가 굉장히 빽빽하게 밀집되어 붉게 달아오른 기체 구름 속에서 맨 먼저 희미하게 반짝이는 빛은 아직 별이 아니라, 항성으로 진화될 원시별이었어요. 지구상에서 물체가 뜨거워지면 빨갛게 달아올라 빛이 나듯이, 기체가 굉장히 빽빽하게 밀집되어 붉게 달아오른 기체 구름은 엄청나게 뜨거워져서 빛을 쏟아냈지요. 하지만 이 빛은 아직 별에서 쏟아내는 빛이 아니었답니다.

이 거대한 기체 구름을 분자 구름이라고 불러요. 오늘날에도 별은 여전히 이 거대한 기체 구름 속에서 형성되고 있지요. 또한 거대한 기체 구름 속에서 형성된 별빛은 수백 광년 동안 우주 공간을 가로질러 나아갈 수 있답니다.

원시별 주변에서 회전하는 가스 구름

아주 많은 기체가 빽빽하게 밀집되어 덩어리진 기체 구름이 원시별을 향해 이동하여 원시별을 둘러싸고 있지만, 그렇다고 해서 원시별이 기체 구름 한가운데에 자리 잡을 수는 없어요. 원시별을 둘러싸고 있는 가스 구름은 원시별 주변에서 빙글빙글 돌며 회전하는 원반을 형성하지요. 이때 원시별도 빙글빙글 돌며 회전하기 시작한답니다. 덩어리진 기체 구름들 사이에 벌어진 틈으로 길고 가느다란 실 가닥처럼 줄줄 흘러나오는 기체는 같은 공간을 지나가고 통과하며 서로 교차하는 지점에서 하나로 합쳐져 훨씬 더 빽빽하고 밀집된 거대한 기체 구름이 형성되었지요. 기체가 굉장히 빽빽하게 밀집된 기체 구름은 원시별 주변에서 빙글빙글 회전하며 밝게 빛나는 빛을 쏟아내고, 붉게 달아오를 정도로 뜨거운 열을 발생시킨답니다.

오리온자리,

오리온성운

직접 확인해 보세요

우주는 지금도 여전히 새로운 별을 탄생시키고 있어요. 만약에 우리가 고개를 들어 맑은 밤하늘을 올려다본다면, 우리는 별들이 형성하고 있는 별자리를 관측할 수 있지요. 겨울철에 남쪽 밤하늘을 올려다보면, 그리스 신화 속 사냥꾼 오리온의 전설을 담은 별자리인 오리온자리를 찾아볼 수 있어요. 이를테면 오리온자리에서 찌그러진 커다란 H자 모양이 사냥꾼 오리온의 몸통이고, 중간에 나란히 빛나는 별 세 개가 오리온의 허리띠랍니다. 그렇다면 오리온의 허리띠에 매달린 '검'에서 가운데에 있는 별을 찾아보세요. 이것은 실제로 별이 아니라 성운이에요. 성운은 가스와 티끌로 이루어져 있고, 별과 별 사이에 빛나는 구름이며, 때로는 이 성운 속에서 별이 탄생하기도 한답니다. 이처럼 오리온자리에 위치한 오리온성운은 지구에서 1,344광년 떨어져 있는 발광성운이지요. 우리는 오리온자리를 북반구와 남반구 양쪽에서 관측할 수 있으며, 북반구에서는 겨울철 밤하늘에서, 남반구에서는 여름철 밤하늘에서 오리온자리를 가장 뚜렷하게 관측할 수 있답니다.

빛과 열을 확인해 보세요

태양계의 중심을 이루는 항성인 태양이 에너지를 뿜어내고 있다는 사실을 확인하려면, 우리는 밝은 햇빛이 비치고 있는 곳에서 가만히 서 있어야만 해요. 그러면 눈이 부시도록 밝게 빛나는 햇빛을 관측할 수 있고, 강력하게 뜨거운 태양열을 직접 느낄 수 있어요. 하지만 이때 관측하고 느끼는 햇빛과 태양열은 우리가 햇빛이 비치고 있는 곳에 가만히 서서 바라보고 있는 태양이 우주로 뿜어내는 전체 에너지 스펙트럼 가운데 일부에 불과하지요. 다시 말해서 태양이 뿜어내고 있는 이 모든 에너지는 전자기파를 파장의 길이에 따라 늘어놓은 전자기파 스펙트럼의 일부랍니다.

(15p 참조)

빨간색 + 주황색 + 노란색 + 초록색 + …

혹시라도 여러분이 무지개를 살펴본 적이 있다면, 여러분은 일반적으로 빨간색, 주황색, 노란색, 초록색, 파란색, 남색, 보라색의 일곱 가지 색조로 나누어진 무지개를 바라보면서 색깔이 없는 것처럼 백색광(흰빛)을 띠는 햇빛이 일곱 빛깔 무지개색으로 이루어져 있다는 사실을 파악할 수 있었을 거예요. 하지만 사실 일곱 빛깔 무지개색들 사이에는 실제로 경계가 없답니다. 빛은 파동으로 전달되는 파동 에너지의 일종이며, 빛의 파장에 따라 색깔이 다르게 보이지요. 우리는 햇빛을 백색광이라고 생각하지만, 실제로 햇빛에는 파장이 여러 가지로 다양한 빛들이 많이 혼합되어 있어요. 우리 주변에 존재하는 물체들을 살펴보면 빨간색이나 갈색, 보라색 등등 여러 가지 색을 띠고 있지요. 이렇게 물체들이 색깔을 띠는 이유는 물체가 띠고 있는 색의 빛만을 반사하고 다른 모든 색의 빛을 흡수하기 때문이에요. 다시 말해서 물체가 빨간색 빛만을 반사하고 다른 모든 색의 빛을 흡수하면, 우리는 그 물체가 빨간색으로 보인답니다.

가시광선보다 파장이 긴 적외선

우리가 햇빛이 비치는 곳에서 가만히 앉아 있으면, 우리는 또한 햇볕이 따뜻하다는 사실을 파악할 수 있어요. 태양과 다른 항성들이 뿜어내는 열은 파장이 저마다 다른 에너지랍니다. 가시광선보다 파장이 긴 전자기파로서, 전자기파 스펙트럼에서 가시광선 바로 옆에 있는 전자기파를 적외선이라고 부르지요.

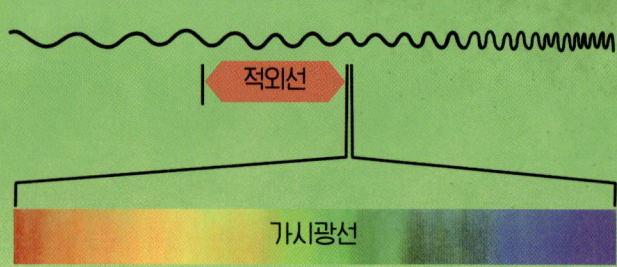

점점 뜨거워지는 원시별

뜨거운 원시별 색깔

원시별은 희미하게 반짝이며 빛을 내기 시작하면서 가시광선을 방출하기 전에 적외선을 방출해요. 적외선을 방출한 다음에는 붉은빛을 방출하고, 그다음에는 노란빛과 흰빛을 방출하지요. 이는 마치 어떤 물체가 불 속에서 가열되다가 뜨거워져서 희미하게 반짝이며 빛을 내기 시작하고, 그런 다음에는 맨 먼저 붉은빛으로 빛나고, 그다음에는 노란빛으로 빛나다가 점점 더 뜨거워지면서 결국에는 흰빛으로 빛나는 현상과 같답니다. 또한 원시별이 맨 처음 뜨거워지면서 희미하게 반짝이며 빛을 내기 시작할 때 가시광선을 방출하기 전에 적외선을 방출한다는 의미는 우리가 이때 적외선을 방출하는 원시별을 맨눈으로 전혀 관측할 수 없다는 뜻이에요. 이때는 원시별이 아직 우리 눈에 보이는 범위의 파장인 가시광선을 방출하지 않고 있기 때문이지요. 하지만 다행스럽게도 이때 과학자들은 적외선 천체를 '관측'할 수 있는 적외선 망원경을 이용하여 적외선을 방출하는 원시별을 관측할 수 있답니다.

차가운 원시별 색깔

어둠 속에서 원시별을 관측해 보세요

적외선 고글과 적외선 망원경을 이용하면 가시광선을 방출하기 전에 적외선을 방출하여 우리가 맨눈으로 관측할 수 없는 우주별을 관측할 수 있어요. 적외선 고글과 적외선 망원경은 온도가 높아서 뜨거운 지역일수록 더 밝게 표시하고, 온도가 낮아서 차가운 지역일수록 더 어둡게 표시하여 지역별 데이터 분포를 알 수 있는 적외선 열지도를 만들어요. 이렇게 적외선 열지도를 만드는 적외선 망원경을 이용하여 천문학자들은 아직 가시광선을 방출하지 않고 적외선을 방출하며 빛나고 있는 우주별을 관측할 수 있지요.

직접 확인해 보세요

만약에 여러분이 마시멜로를 불에 구워본 적이 있다면, 여러분은 불에 구워지고 있는 마시멜로가 매우 뜨거워져서 빛을 내며 빛나는 현상을 보았을 거예요. 또한 나무나 석탄을 불에 태우면, 불 속에서 타오르고 있는 나무나 석탄도 불에 구워지고 있는 마시멜로와 마찬가지로 매우 뜨거워져서 붉게 달아올라 빛을 내며 빛나지요. 따라서 어떤 물체든지 불 속에서 타오르며 온도가 점점 더 높아져 더욱더 뜨거워지면, 불 속에서 타오르는 물체는 맨 먼저 붉은빛으로 빛나고, 그다음에는 노란빛으로 빛나다가 점점 더 뜨거워지면서 결국에는 흰빛으로 빛날 수 있답니다.

33

밝게 타오르는 원시별

성간물질에서 탄생하는 초기 단계의 별로서 주로 수소 기체가 모여 압축되면서 생성한 원시별은 질량이 태양의 0.08(거의 10분의 1) 정도 되면, 자신을 구성하는 수소를 '불태우기' 시작해요. 이렇게 수소를 불태우는 시점에서 원시별은 별이 되고, 이때 훨씬 더 밝게 빛나기 시작하지요.

서로 밀집해 있는 수소 원자들

별 한가운데에 존재하는 수소 원자들은 어마어마한 압력을 받아 상상할 수 없을 정도로 서로 가까이 밀집해 있어요. 또한 태양 한가운데에 존재하는 수소 원자들은 서로 아주 더 가까이 밀집해 있는데, 금덩어리보다 8배 정도 더 빽빽하게 밀집해 있지요. 찻숟가락으로 태양 한가운데에 존재하는 수소 원자들을 한 숟가락 가득 수북하게 뜬다면, 수소 원자들은 지구에서 재는 질량으로 0.73kg 정도 될 거예요.

이렇게 서로 가까이 밀집해 있는 수소 원자들은 더구나 이동할 공간이 아주 적기 때문에, 이동할 때마다 언제나 수소 원자들끼리 충돌하지요. 또한 태양은 태양 한가운데에 존재하는 수소 원자들끼리 충돌하는 과정에서 매우 높은 에너지를 지속적으로 방출한답니다. 게다가 서로 가까이 밀집해 있는 수소 원자들은 서로 충돌한다 해도 따로 이동할 공간이 없으므로, 밀집해 있는 공간을 벗어날 수도 없고 다른 공간으로 튕겨 나갈 수도 없어요. 그 대신에 서로 가까이 밀집해 있는 수소 원자들은 서로 충돌하면서 수소 원자핵들이 함께 뭉쳐 결합하지요. 이렇듯 가벼운 수소 원자핵들이 합쳐져 무거운 원자핵이 되면서 질량 차이로 인해 에너지가 만들어지는 반응을 핵융합 반응이라고 한답니다. 주로 가벼운 수소가 무거운 헬륨으로 되는 수소 핵융합 반응을 통해 에너지를 만들어내고 있지요. 이때 핵융합이 일어나는 과정에서 새로운 화학 원소가 또 하나 더 탄생하게 돼요. 이를테면 수소 원자들이 서로 충돌하면서 핵융합 반응이 일어나 수소 원자 4개가 함께 합쳐져 우주 초기에 존재했던 두 원소 가운데 하나인 헬륨 원자 1개가 만들어지지요. (우주 초기에 존재했던 두 원소 가운데 다른 하나는 수소랍니다.)

태양에서 흘러나오는 햇빛

수소 원자들이 서로 충돌하면서 핵융합 반응이 일어나 수소 원자 4개가 함께 합쳐져 헬륨 원자 1개가 만들어지지만, 그렇다고 해서 수소 원자 4개가 한꺼번에 모두 동시에 뭉쳐지지는 않아요. 이를테면 가장 먼저 수소 원자 2개가 충돌한 다음, 서로 충돌한 수소 원자 2개가 또 다른 수소 원자 1개와 합쳐져서 결국 수소 원자 3개가 한 덩어리로 뭉쳐지게 되지요. 수소 원자 3개로 뭉쳐져 있는 한 덩어리와 수소 원자 3개로 뭉쳐져 있는 또 다른 한 덩어리가 서로 충돌하면, 수소 원자 2개가 떨어져 나가고 헬륨 원자 1개가 만들어지게 된답니다.

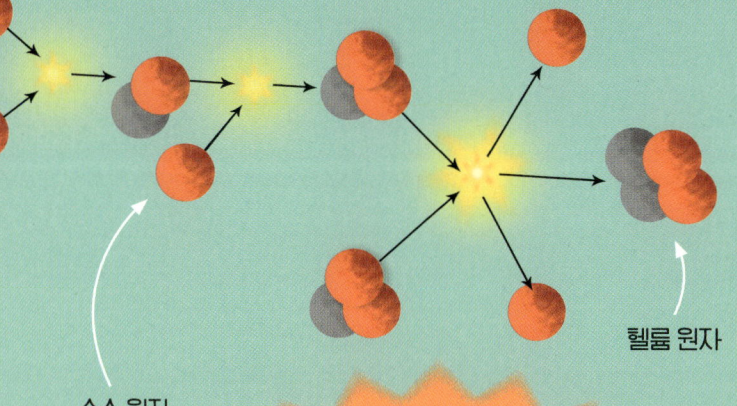

수소 원자 / 헬륨 원자

★유명한 주요 인물탐구★
세실리아 페인

세실리아 페인은 영국계 미국 천문학자이자 천체물리학자로서, 1925년 항성이 대부분 수소와 헬륨으로 이루어져 있다는 사실을 밝혀냈어요. 하지만 어마어마하게 거대한 별들이 단지 우주에서 가장 가벼운 기체인 수소와 수소 다음 두 번째로 가벼운 기체인 헬륨으로 이루어져 있을 수 있다는 사실을 다들 믿기 힘들었지요. 항성이 대부분 수소와 헬륨으로 이루어져 있다는 사실을 밝혀냈던 1925년 당시에는 아무도 세실리아 페인이 밝힌 사실이 옳을 거라고 생각하지 않았지만, 실제로 세실리아 페인이 밝혀낸 사실이 옳았답니다.

아주 많이 방출되는 에너지

비록 수소 원자 1개와 또 다른 수소 원자 1개가 서로 충돌하면 아주 적은 양의 에너지를 만들어내지만, 아주 많은 수소 원자들이 서로 충돌하면 결국 엄청나게 많은 양의 에너지를 만들어내게 되지요. 태양은 매초 수소 원자 6억 톤에서 7억 톤 정도가 서로 충돌하여 어마어마하게 많은 양의 에너지를 만들어냅니다. 이때 6억 톤에서 7억 톤 정도는 몸집이 아주 큰 코끼리 1억 마리 정도의 무게랍니다. 또한 수소 원자 6억 톤에서 7억 톤 정도가 충돌하면, 미국에 존재하고 있는 모든 발전소에서 열에너지나 기계적 에너지를 전기에너지로 변환시켜 발생시키는 전력보다 4,000조 배나 되는 어마어마하게 아주 많은 에너지를 방출하지요. 그렇다고 해서 태양이나 다른 항성들에 존재하는 수소 원자들이 아주 빠르게 소모될 거라고 걱정하지 마세요. 사실 우리 태양에는 수소 원자들이 상상할 수 없을 정도로 어마어마하게 아주 많은 양으로 존재하고 있어요. 이때 수소 원자들이 상상할 수 없을 정도로 어마어마하게 아주 많은 양으로 존재하고 있다는 의미는 수소 원자가 헬륨 원자의 일부로 되기까지 평균적으로 50억 년 정도가 걸릴 거라는 뜻이랍니다.

항성 중심부가 붉게 타오르는 이유

항성은 항성 한가운데 중심부에서 아주 많은 원자가 서로 충돌하여 어마어마하게 많은 에너지를 만들어내고 있으므로, 항성 중심부의 온도는 수백만 도에 달해요. 게다가 항성은 크기가 크면 클수록, 항성 중심부의 온도가 더더욱 높아진답니다. 이런 이유로 첫 번째로 거대한 항성은 항성 중심부의 온도가 믿을 수 없을 정도로 엄청나게 높아져서 항성 중심부가 아주 붉게 타오른 답니다.

항성 중심부 밖으로 나오지 않는 광자

광자는 항성 중심부에서 움직이기 시작하지만, 우리가 항성 중심부에서 움직이는 광자를 관측하려면 광자가 항성 중심부 밖으로 나와야 해요. 하지만 광자는 항성 중심부에 아주 빽빽하게 밀집되어 있어서 많은 다른 입자들과 부딪치더라도 항성 중심부에서만 일정하게 정해지지 않은 임의의 방향으로 계속해서 튕겨 나오지요. 심지어 광자는 많은 다른 입자들과 충돌하면서도 항성 중심부 밖으로 나가려고 애쓰지도 않고, 그저 많은 다른 입자들과 충돌하는 방향으로 움직이면서 이리저리 갈팡질팡 헤매며 방향을 잡지 못한 답니다.

결국 광자가 항성 중심부에서 빠져나와 항성의 가장자리에 도달하여 우주 공간으로 갑자기 불쑥 튀어나오게 되면, 이때 우리는 맨눈으로나 천체망원경으로 항성 중심부 밖으로 갑자기 불쑥 튀어나온 광자를 관측할 수 있어요. 일단 광자가 항성의 중심부에서 우주 공간으로 불쑥 튀어나오면, 그때부터 광자는 빛의 속도로 아주 빠르게 이동하지요. 이를테면 믿을 수 없을 정도로 아주 빠른 속도인 300,000km/s로서 1초에 300,000km를 이동한답니다. 하지만 항성 내부의 깊숙한 곳에서는 광자가 거의 이동할 수 없어요. 태양의 크기만 한 항성에서는 광자가 항성 중심부에서 항성의 가장자리까지 도달하는 데 평균적으로 200,000년 정도가 걸리지만, 훨씬 더 길게는 5,000만 년이나 걸릴 수도 있어요. 이렇게 광자가 항성 중심부에서 우주 공간으로 충분히 빠져나올 수 있을 정도로 항성의 중심부에서 항성의 가장자리까지 도달하는 데 시간이 어마어마하게 오래 걸리는 이유는 바로 광자가 항성의 중심부에서 다른 많은 입자와 충돌하면서 방향을 제대로 잡지 못한 채 앞뒤로 갈팡질팡 움직이거나 일정하게 정해지지 않은 임의의 방향으로 여기저기 헤매고 다니기 때문이랍니다. 하지만 광자가 항성 중심부에서 우주 공간으로 불쑥 튀어나오면, 그때부터는 광자가 태양을 출발하여 지구까지 도달하는 데 8분 정도밖에 걸리지 않아요. 이에 반해 항성 중심부에서 꼼짝 못 하고 갇혀 있는 광자는 항성 중심부에서 8분 동안 겨우 13cm 정도만을 이동할 겁니다.

광자가 항성 중심부에서 임의의 방향으로 움직이는 경로

항성 중심부

미는 광자와 끌어당기는 중력

항성 중심부에서 우주 공간으로 불쑥 튀어나오는 광자는 중심부로 향하는 중력에 반대되는 방향으로서 항성 중심부에서 밖으로 향하는 압력을 생성해요. 광자 자체가 항성 중심부에서 밖으로 향하는 압력을 생성하므로, 이에 따라 항성은 크기가 점점 더 크게 성장하게 될 거예요. 이와 반대로 중력은 항성의 모든 부분을 항성의 안쪽인 항성 중심부 쪽으로 끌어당기는 압력을 생성하므로, 이에 따라 항성은 크기가 점점 더 작아지게 될 겁니다. 그런데 항성 중심부에서 수소 원자가 핵융합 반응으로 헬륨 원자를 만들 때 엄청나게 쏟아내는 광자에 의해 생성하는 압력과 중력이 생성하는 압력은 방향이 서로 반대이더라도 작용하는 힘의 크기가 같으면, 항성은 점점 더 커지지도 않고 점점 더 작아지지도 않은 채 같은 크기를 그대로 유지하지요. 천문학자들은 이렇게 항성의 진화과정에서 같은 크기를 그대로 유지하며 가장 안정된 단계에 머무는 항성을 주계열성이라고 부른답니다.

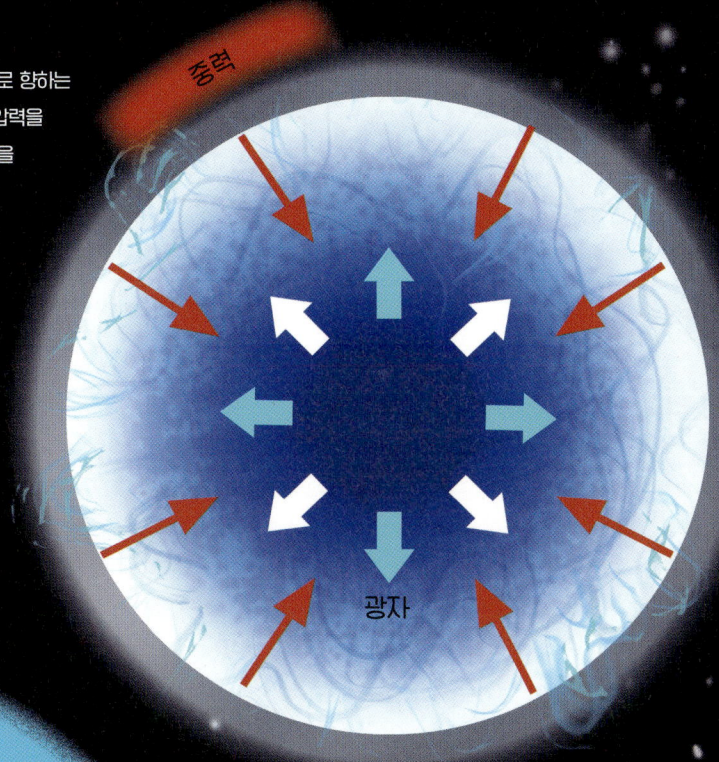

중력

광자

항성인가요? 퇴비 더미인가요?

태양 중심부에서 물 양동이 하나 가득 정도 되는 수소 원자들이 서로 충돌하여 핵융합 반응을 한다면, 이때 수소 원자들은 같은 부피로 물 양동이 하나 가득 정도 되는 퇴비 더미에서 발생하는 열의 양만큼만 열을 발생해요. 왜냐하면 수소 원자 1개와 또 다른 수소 원자 1개가 서로 충돌하면 아주 적은 양의 에너지를 만들어내기 때문에, 물 양동이 하나 가득 정도 되는 수소 원자들은 같은 부피로 물 양동이 하나 가득 정도 되는 퇴비 더미에서와 똑같은 양의 열을 발생하지요. 하지만 태양은 어마어마하게 크므로 태양 중심부에서 아주 많은 수소 원자들이 모두 함께 서로 충돌하면, 결국 엄청나게 많은 양의 에너지를 만들어내게 된답니다.

빨리 탄생할수록, 일찍 사라져요

맨 먼저 탄생한 항성은 엄청나게 거대했는데, 질량이 아마도 태양 질량의 1,000배 정도 되었을 거예요. 또한 맨 먼저 탄생한 별은 항성 중심부에 존재한 수소를 빠르게 소모하여 겨우 몇 백만 년 정도밖에 살아남지 못했지요. 하지만 우리 태양의 크기 정도 되는 항성은 110억 년 정도로 계속해서 오랫동안 살아남을 거예요. 아마도 우리 태양보다 1,000배 이상 더 오래 살아남을 겁니다.

표면 온도에 따라 변하는 별빛의 색깔

우리가 고개를 들어 밤하늘을 올려다본다면, 우리가 맨눈으로 관측할 수 있는 별들은 모두 다 하얀빛으로 반짝반짝 빛나 보이지요. 하지만 실제로 별들은 모두 별의 표면 온도에 따라 푸른빛, 하얀빛, 노란빛, 주황빛, 붉은빛, 심지어 초록빛으로 반짝반짝 빛날 수 있어요. 맨 먼저 탄생한 별들은 푸른빛으로 반짝반짝 빛났어요. 게다가 이때 별빛의 밝기는 태양보다 수만 배 더 밝게 빛났지요. 또한 맨 먼저 탄생한 별들은 모든 걸 태워 버릴 듯이 강렬하게 뜨거워지고 있었고, 맨 먼저 탄생한 별들의 표면은 태양의 표면보다 훨씬 더 뜨거웠답니다. 천문학자들은 항성의 표면 온도에 따라 나타나는 분광 스펙트럼선들의 특성을 기준으로 항성을 분류하는 체계인 하버드 분광 분류법을 이용하여 별들이 방출하는 별빛의 색깔과 표면 온도를 파악했어요. 이를테면 대부분 푸른빛을 방출하는 별들은 표면 온도가 최대 섭씨 53,000°(화씨 95,500°) 정도로 가장 뜨거웠어요. 이와 반대로 어두운 붉은빛을 방출하는 별들은 표면 온도가 섭씨 2,000°(화씨 3,600°) 정도에 불과하며 가장 차가웠지요. 이에 따라 표면 온도가 가장 높고 매우 뜨거운 항성(O형)부터 표면 온도가 가장 낮고 매우 차가운 항성(M형)까지를 순서대로 나타낸 항성의 표면 온도 순서는 OBAFGKM 순서로 나열된 항성 분광 분류 체계를 이용하여 다시 배열되었답니다.

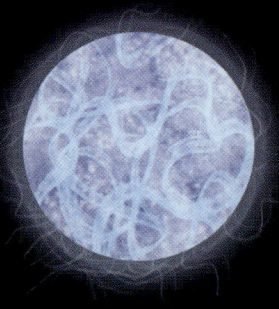

O형
항성의 표면 온도가 최대 섭씨 53,000°(화씨 95,500°) 정도로 가장 뜨겁고, 행성의 크기는 태양 크기의 15배 정도이며, 겨우 200만 년에서 1,000만 년 정도만 살아남아요.

B형
항성의 표면 온도가 평균적으로 섭씨 20,000°(화씨 36,000°) 정도이며, 1,000만 년에서 1억 5,000만 년 정도 살아남아요.

A형
항성의 표면 온도가 평균적으로 섭씨 8,300°(화씨 15,000°) 정도이며, 3억 년에서 10억 년 정도 살아남아요.

초록빛으로 빛나는 별은 왜 보이지 않나요?

가시광선

우리가 맨눈으로 별빛을 관측하는 방식에는 어느 정도 한계가 있기 때문에, 우리는 언제나 초록빛으로 빛나는 별을 하얀빛으로 빛나는 별로 관측할 거예요. 하지만 우리가 과학적으로 개발한 도구를 이용하면, 우리는 노란빛이나 푸른빛보다 초록빛으로 더 많이 빛나는 항성들을 다소 관측할 수 있어요. 태양이 바로 노란빛이나 푸른빛보다 초록빛을 더 많이 방출하는 항성 가운데 하나랍니다. 태양 빛을 분광기를 통해 보았을 때, 일반적으로 빨간색에서 주황색, 노란색, 초록색, 파란색, 남색, 보라색에 이르는 일곱 빛깔의 무지개 띠가 생겨요. 이 일곱 빛깔의 무지개 띠를 태양의 스펙트럼이라고 하지요. 이때 스펙트럼에 나타나는 일곱 빛깔을 모두 합하면 하얀빛으로 보여요. 하지만 태양의 스펙트럼에 나타나는 일곱 빛깔을 자세히 들여다보면, 실제로는 태양의 스펙트럼에서 일곱 빛깔 가운데 빨간색이나 노란색, 파란색보다 초록색이 약간 더 많답니다.

차갑게 식어 버린 별들

오늘날 우주에 존재하고 있는 별들은 대부분 크기가 상당히 작고, 아주 차갑게 식은 상태에요. 또한 표면 온도가 가장 높고 매우 뜨거운 항성(O형)부터 표면 온도가 가장 낮고 매우 차가운 항성(M형)까지를 OBAFGKM 순서로 나열된 항성 분광 분류 체계를 이용하면, 우주에 존재하고 있는 모든 별 가운데 90% 이상이 노란빛(G형)이나 주황빛(K형), 붉은빛(M형)을 방출하는 별이지요. 게다가 우주에 존재하고 있는 모든 별 가운데 100만분의 1도 안 되는 별들만이 크기가 커다랗고 푸른빛을 방출하고 있어요. 하지만 빅뱅 시점부터 우주 나이 38만 년 정도까지인 우주 초기에는 별이 대부분 크기가 아주 거대하고 푸른빛을 방출했답니다.

F형
항성의 표면 온도가 평균적으로 섭씨 6,200° (화씨 11,200°) 정도이며, 20억 년에서 30억 년 정도 살아남아요.

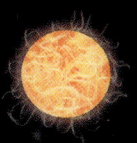

G형
항성의 표면 온도가 평균적으로 섭씨 5,500° (화씨 10,000°) 정도이며, 80억 년에서 120억 년 정도 살아남아요. 우리 태양이 바로 G형 항성이랍니다.

K형
항성의 표면 온도가 평균적으로 섭씨 4,200° (화씨 7,600°) 정도이며, 220억 년에서 450억 년 정도 살아남아요.

M형
항성의 표면 온도가 평균적으로 섭씨 2,900° (화씨 5,200°) 정도이며, 680억 년에서 7,000억 년 정도 살아남아요.

블랙홀이 된 항성

맨 처음으로 탄생한 아주 거대한 항성들은 항성 중심부에 존재한 수소를 모두 소모하면서 블랙홀이 되어 비극적인 종말을 맞이하게 되지요. 이때 블랙홀은 강한 중력에 의해 심지어 우주에서 가장 빠른 빛을 포함해 어떤 것도 빠져나올 수 없는 시공간 영역으로서, 전체적으로 검게 보이는 천체를 뜻한답니다.

빛이 사라진 별

별들은 여러 가지 방법으로 사라질 수 있어요. (이 부분은 다음 장에서 자세히 살펴보도록 해요.) 하지만 가장 맨 처음으로 탄생한 아주 거대한 항성들은 거의 즉시 블랙홀로 변했을 수도 있답니다. 블랙홀은 실제로 비어 있는 공간이 아니라 빛을 포함해 어떤 것도 빠져나올 수 없는 시공간 영역이므로, '블랙홀'이라는 이름은 사실 그다지 논리적으로 타당한 이름이 아니에요. 다시 말해서 블랙홀은 물질로 가득 차 있고, 물질이 빈틈없이 가장 빽빽하게 극도로 밀집되어 있는 시공간 영역이랍니다. 자, 별 하나를 잡고서 항성 내에 비어 있는 모든 공간, 심지어 원자와 원자 사이에 비어 있는 공간과 원자 내에 비어 있는 공간들까지도 모조리 잡아 없앨 정도로 항성을 아주 세게 꼭 쥐어짠다고 상상해 보세요.

빅뱅 시점부터 우주 나이 38만 년 정도까지인 우주 초기에 존재하는 아주 거대한 항성은 어떠한 징조도 없이 블랙홀로 변했을 수도 있어요. 또한 아주 거대한 항성의 중심부가 너무도 뜨거워져서, 항성 중심부에 존재하는 광자들은 불안정해지고 광자들끼리 서로서로 파괴할 수도 있지요. 광자들이 불안정해지고 광자들끼리 서로서로 파괴하다 보면, 광자들은 항성 중심부에서 빠져나오지도 못하고 우주 공간으로 이동하지도 못할 거예요. 게다가 광자들은 항성 중심부로 끌어당기는 중력에 균형을 맞추기 위해 중력과 반대되는 방향으로 압력을 생성해야 하는데, 중력과 반대 방향인 항성 중심부에서 밖으로 미는 압력을 생성하지 못할 겁니다. 그런데도 중력은 항성의 모든 부분을 항성의 안쪽인 항성 중심부 쪽으로 끌어당기는 압력을 생성하므로, 이에 따라 항성은 크기가 일정하지 않고 점점 더 작아지게 될 거예요. 계속 점점 더 작아지는 바로 그 순간에 항성은 우주에서 가장 빠른 빛도 빠져나올 수 없고 물질이 어디에도 이동할 수 없을 만큼 극도로 빽빽하게 밀집한 상태에서 둥그스름하게 아주 작은 덩어리가 될 겁니다. 이처럼 강한 중력에 의해 심지어 우주에서 가장 빠른 빛을 포함해 어떤 것도 빠져나올 수 없는 시공간 영역으로서, 전체적으로 검게 보이는 천체를 바로 블랙홀이라고 한답니다.

우주에 존재하는 블랙홀

블랙홀은 빛조차 빠져나올 수 없을 정도로 중력이 엄청나게 강하고 크기가 매우 작으며 완전히 까맣게 어두운 데다 너무 멀리 떨어져 있는 검은 천체이므로, 우리는 블랙홀을 관측할 수 없어요. 하지만 천문학자들은 우주 공간에서 블랙홀 주변에 존재하는 물질이 블랙홀을 향해 빠른 속도로 빨려 들어갈 때 생기는 회전 가스 원반 형태의 엑스선이나 감마선 빛을 관측하여 블랙홀이 어디에 존재하고 있는지를 파악할 수 있지요.

또한 블랙홀에서 작용하는 중력은 블랙홀 주변에 존재하는 물질과 에너지를 블랙홀 중심부 쪽으로 끌어당긴답니다. 블랙홀에는 사건 지평선이란 영역의 경계면이 존재하는데, 사건 지평선 경계면으로 한 번 빨려 들어간 물질은 이곳 사건 지평선 경계면에 갇혀서 영원히 빠져나오지 못해요. 혹시라도 빛의 속도로 이동하는 어떤 물질이 블랙홀에 너무 가까이 접근하게 되면, 이 물질은 아주 빠른 속도로 블랙홀에 빨려 들어가 이내 곧 파괴된답니다. 그러므로 블랙홀에 빨려 들어가지 않으려면, 사건 지평선 경계면을 넘어가지 않도록 각별히 주의해야 해요. 사건 지평선 경계면을 한 번 넘어가면, 무엇이든, 심지어 우주에서 가장 빠른 빛조차도 사건 지평선 경계면에 갇혀 절대로 빠져나올 수 없어요. 게다가 사건 지평선 경계면은 내부 영역이 완전히 까맣게 어둡답니다.

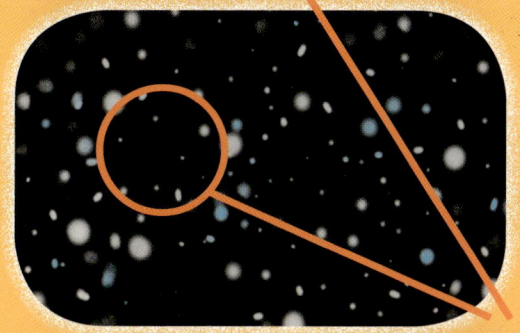

별이 블랙홀을 남기고 사라졌어요.

퀘이사

질량이 태양 질량의 수십만 배에서 수십억 배에 달할 정도로 매우 무거운 초대질량 블랙홀은 엄청나게 강한 중력으로 주변에 존재하는 물질을 블랙홀 중심부 쪽으로 끌어당긴 다음, 빛의 속도에 달할 정도로 소용돌이치듯 아주 빠르게 빙글빙글 회전해요. 이렇게 블랙홀이 소용돌이치듯 회전할 때는 엄청난 양의 가스와 먼지로 가득 찬 원반이 형성되는데, 이때 형성된 원반은 입자들이 서로 충돌하거나 함께 부딪혀 마찰하면서 열이 발생하므로 온도가 점점 더 올라가 결국 수십억 도까지 치솟으며 매우 많은 에너지를 방출하고 빛나게 되지요. 블랙홀이 소용돌이치듯 회전할 때 생성된 엄청난 양의 가스와 먼지로 가득 찬 원반은 사건 지평선 경계면 밖에 존재하고 매우 많은 에너지를 방출하며 빛나기 때문에, 우리는 이 원반을 관측할 수 있어요. 엄청나게 강한 중력에 의해 블랙홀 쪽으로 끌어 당겨진 물질들 가운데 어떤 물질(에너지와 입자들)은 그저 속도가 극도로 빠른 초고속 제트기처럼 사건 지평선 경계면에서 벗어나 다시 튀어나오기도 하지요. 그러면 우리는 이렇게 사건 지평선 경계면에서 다시 튀어나오는 물질들(에너지와 입자들)도 관측할 수 있답니다. 따라서 과정을 다시 정리해 보면, 질량이 태양 질량의 수십만 배에서 수십억 배에 달할 정도로 매우 무거운 초대질량 블랙홀이 어마어마하게 강한 중력으로 주변에 존재하는 물질을 끌어당긴 다음 소용돌이치듯 빙글빙글 회전하는 동안 엄청난 양의 가스와 먼지로 가득 찬 원반이 형성되는데, 이때 초대질량 블랙홀 주변으로 형성된 원반은 입자들이 서로 충돌하거나 마찰하면서 열이 발생하므로 마찰열로 인해 극도로 뜨거워져 매우 많은 빛에너지를 방출하며 빛나지요. 우주에서 가장 밝은 천체로서 바로 이러한 과정을 통해 만들어진 이 거대한 발광체를 우리는 '퀘이사(quasar)'라고 부른답니다.

수많은 별이 모여 사는 은하계

은하는 상상할 수 없을 정도로 드넓은 우주 공간에 수많은 항성, 성간 물질, 블랙홀, 암흑 물질 등이 중력으로 묶여 있는 거대한 천체예요. 또한 우주에 존재하고 있는 수많은 은하 가운데 우리 태양계가 속해 있는 은하를 바로 우리 은하라고 부르지요. 우리 은하는 1,000억 개에서 4,000억 개의 별들로 구성되어 있답니다. 게다가 우주에 존재하는 은하들 가운데 우리가 관측할 수 있는 은하들은 아마도 2,000억 개에서 2조 개 정도가 존재할 거예요.

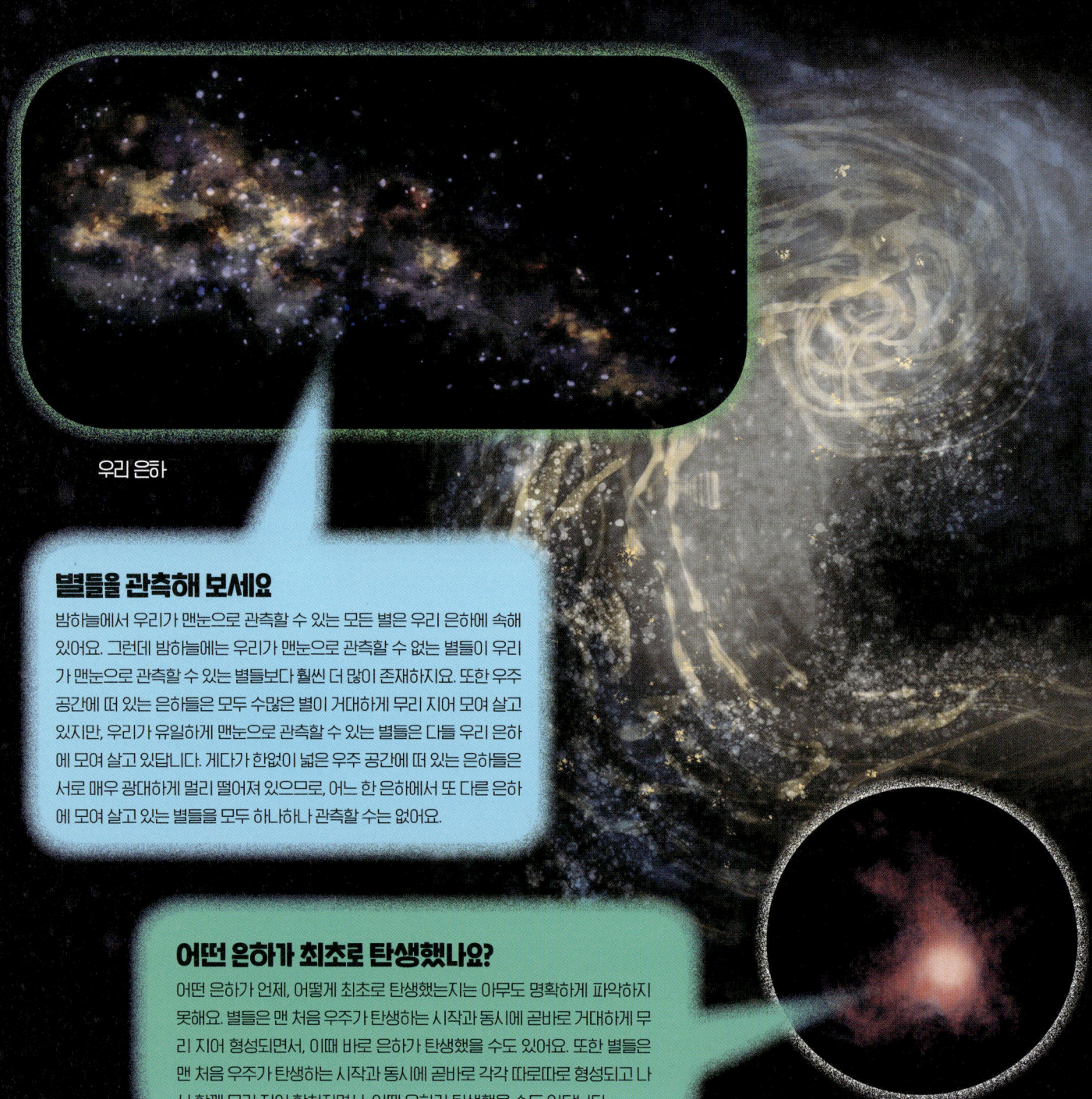

우리 은하

별들을 관측해 보세요

밤하늘에서 우리가 맨눈으로 관측할 수 있는 모든 별은 우리 은하에 속해 있어요. 그런데 밤하늘에는 우리가 맨눈으로 관측할 수 없는 별들이 우리가 맨눈으로 관측할 수 있는 별들보다 훨씬 더 많이 존재하지요. 또한 우주 공간에 떠 있는 은하들은 모두 수많은 별이 거대하게 무리 지어 모여 살고 있지만, 우리가 유일하게 맨눈으로 관측할 수 있는 별들은 다들 우리 은하에 모여 살고 있답니다. 게다가 한없이 넓은 우주 공간에 떠 있는 은하들은 서로 매우 광대하게 멀리 떨어져 있으므로, 어느 한 은하에서 또 다른 은하에 모여 살고 있는 별들을 모두 하나하나 관측할 수는 없어요.

어떤 은하가 최초로 탄생했나요?

어떤 은하가 언제, 어떻게 최초로 탄생했는지는 아무도 명확하게 파악하지 못해요. 별들은 맨 처음 우주가 탄생하는 시작과 동시에 곧바로 거대하게 무리 지어 형성되면서, 이때 바로 은하가 탄생했을 수도 있어요. 또한 별들은 맨 처음 우주가 탄생하는 시작과 동시에 곧바로 각각 따로따로 형성되고 나서 함께 무리 지어 합쳐지면서, 이때 은하가 탄생했을 수도 있답니다.

은하 중심부에 존재하는 블랙홀

모든 거대한 은하들은 아마도 중심부에 초대질량 블랙홀이 존재할 거예요. 초대질량 블랙홀은 질량이 태양 질량의 수십만 배에서 수십억 배에 달할 정도로 매우 무거울 수 있지만, 태양을 중심으로 한 천체 집단인 태양계보다는 질량이 더 작아요.

항성들은 공전 궤도면을 따라 블랙홀을 중심으로 공전하지만, 항성들과 블랙홀 사이의 거리가 아주 멀리 떨어져 있으므로 항성들이 블랙홀을 중심으로 공전하면서도 블랙홀 안으로 빨려 들어가지는 않아요.

우리 은하와 안드로메다 은하가 충돌하는 시기

은하는 대체로 우주 공간에서 매우 빠른 속도로 이동하면서 다른 은하와 서로 멀어져 가고 있지만, 때로는 은하들끼리 서로 충돌하기도 해요. 이때 은하와 다른 은하가 충돌한다는 말이 엄청나게 큰 재앙으로 들릴 수 있지요. 하지만 은하는 주로 우주에서 빈 공간을 이동하고 있으므로, 실제로 은하에 속한 별들이 서로 충돌할 가능성은 거의 없을 거예요. 은하는 일반적으로 우주 공간에서 매우 빠른 속도로 이동하다가 다른 은하와 충돌해서 아주 평화롭게 하나로 합쳐지지요. 규모가 큰 은하는 아마도 작은 은하들끼리 서로 충돌해서 아주 평화롭게 하나로 합쳐지며 더더욱 크게 성장했을 겁니다.

우리 은하는 안드로메다 은하와 충돌을 앞두고 있어요. 또한 우리 은하와 안드로메다 은하는 모두 우주 공간에서 속력이 402,000km/h로 1시간에 402,000km를 이동하고 있지요. 이렇게 우주 공간에서 매우 빠른 속도로 이동하고 있는 우리 은하와 안드로메다은하는 40억 년 후에 서로 충돌하여 하나로 합쳐질 거예요.

함께 모인 은하들

은하들은 상상할 수 없을 정도로 엄청나게 거대하지만, 그렇다고 해서 홀로 외로이 살아가지는 않아요. 다시 말하면 수많은 별이 모여서 이루어진 은하들은 여러 개의 은하가 모여 은하군을 이루고, 여러 개의 은하군이 모여 거대한 은하단을 이루며, 심지어 여러 개의 은하단이 모여 더더욱 거대한 초은하단을 이루지요. 우리 은하는 은하단 100,000개의 은하단으로 이루어진 초은하단의 일종이랍니다. 은하단은 어마어마하게 드넓은 우주의 텅 빈 공간으로 구분되어 있어요. 어마어마하게 드넓은 우주의 텅 빈 공간은 빅뱅이 일어나고 나서 약 38만 년이 지난 초기 우주의 모습으로서 마치 구멍이 숭숭 난 스펀지 같았지만, 지금은 수백만 광년 떨어져 있는 은하군으로 이루어진 은하단을 형성하고 있지요.

직접 확인해 보세요

맑고 어두운 밤하늘을 올려다보면, 우리는 우리 은하 밖에 있는 또 다른 은하(외부 은하)를 관측할 수 있을 거예요. 안드로메다 은하는 우리 은하에서 250만 광년 떨어진 곳에 있고 최초로 발견된 외부 은하이며 우리 은하와 가까워서 맨눈으로도 관측할 수 있어요. 따라서 맑고 어두운 밤하늘에서 안드로메다 은하는 가을철 별자리인 안드로메다자리와 카시오페이아자리 사이에서 작고 흐릿하게 빛나는 타원형처럼 보인답니다.

카시오페이아자리

안드로메다 은하

안드로메다 자리

별의 죽음과 부활

여러 형태로 빛나고 있는 모든 별은 어마어마하게 드넓은 우주 공간에서 탄생했어요. 오늘날 우리가 관측하는 별, 즉 항성들의 탄생 방식을 살펴보면 빅뱅이 일어나고 나서 약 38만 년이 지난 초기 우주에 별들이 탄생한 방식과 거의 똑같지만, 탄생 방식을 또 다른 어떤 면에서 살펴보면 빅뱅이 일어나고 나서 약 38만 년이 지난 초기 우주에 별들이 탄생한 방식과는 매우 다르지요. 별들은 지금도 여전히 항성 한가운데 중심부에서 수소 원자들이 서로 충돌하며 핵융합 반응을 일으켜 헬륨 원자를 만들어내고 있고, 이와 동시에 어마어마하게 많은 에너지를 생성하여 빛에너지와 열에너지가 넘쳐나도록 우주 공간으로 방출하고 있답니다.

하지만 항성들은 각자 다른 방식에 따라 살아가고, 또 각자 다른 방식으로 사라지지요. 또한 대부분 항성은 그저 수백만 년만 지속해서 살아가지 않고, 오히려 이보다 훨씬 더 오래 수십억 년을 지속적으로 살아갈 거예요. 하지만 현재 반짝반짝 빛나고 있는 어떤 항성(별)들은 심지어 우주의 전체적인 역사보다 훨씬 더 오래 수조 년을 지속적으로 살아갈 수도 있어요. 게다가 또 어떤 별들은 여전히 블랙홀로 사라질 테지만, 이보다 훨씬 더 많은 항성들은 블랙홀로 사라지는 별들과 매우 다른 운명을 맞이하게 될지도 모릅니다.

죽음에 가까워지는 별

별은 수백만 년이나 수십억 년 동안 항성 중심부에서 수소 원자들끼리 서로 충돌하며 핵융합 반응을 일으켜 헬륨 원자를 만들면서 어마어마하게 많은 에너지를 만들어내고 있지만, 결국에는 항성 중심부에 존재하는 수소 원자들이 차츰 소모되기 시작해요. 그리하여 항성 중심부에는 수소 원자들끼리 서로 쉽게 충돌할 수 없고 에너지를 그저 많이 만들어내지 못할 정도로 수소 원자들이 소모되어 아주 적게 남아 있답니다. 이렇게 수소 원자들이 엄청나게 소모된 항성은 단계적으로 다음 생을 맞이하기 시작하지만, 생명이 오래 지속되지 못하고 블랙홀로 사라질 수도 있어요. 그렇다고 해서 이 별은 수명이 완전히 끝나지는 않을 거예요!

미는 광자와 끌어당기는 중력

별은 생명이 오래 지속되지 못하고 블랙홀로 사라질 수 있더라도, 중력이 항성의 모든 부분을 항성의 안쪽인 항성 중심부 쪽으로 여전히 끌어당기고 있어요. 이에 따라 항성은 크기가 점점 더 작아지게 되고, 심지어 아주 좁아진 항성 중심부에 존재하는 모든 수소 원자들은 서로서로 밀집되어 훨씬 더 가까워져 있지요. 하지만 일반적으로 항성은 중력이 항성의 모든 부분을 항성 중심부 쪽으로 끌어당기는 압력과 항성 중심부에서 수소 원자가 핵융합 반응으로 헬륨 원자를 만들 때 엄청나게 쏟아내는 광자가 항성 중심부에서 밖으로 향하여 미는 압력이 서로 균형을 이루고 있답니다. 그런데 항성 중심부에 존재하는 수소 원자들이 차츰 소모되기 시작하여 핵융합 반응을 일으킬 수소 원자가 충분히 남아 있지 않다면, 항성 중심부에서 수소 원자가 핵융합 반응으로 헬륨 원자를 만들 때 엄청나게 쏟아내는 광자가 항성 중심부에서 밖으로 향하여 미는 압력은 거의 작용하지 못하고, 결과적으로 중력이 항성의 모든 부분을 항성 중심부 쪽으로 끌어당기는 압력만 제대로 작용하게 되지요. 광자가 항성 중심부에서 밖으로 향하여 미는 압력보다는 중력이 항성의 모든 부분을 항성 중심부 쪽으로 끌어당기는 압력이 상대적으로 너무 크기 때문에, 이로 인해 항성에 작용하는 중력이 항성의 모든 부분을 항성 중심부 쪽으로 점점 더 강하게 끌어당기면서 결국에는 항성 중심부에 존재하는 헬륨 원자들끼리도 서로 충돌하여 핵융합 반응을 일으킨답니다.

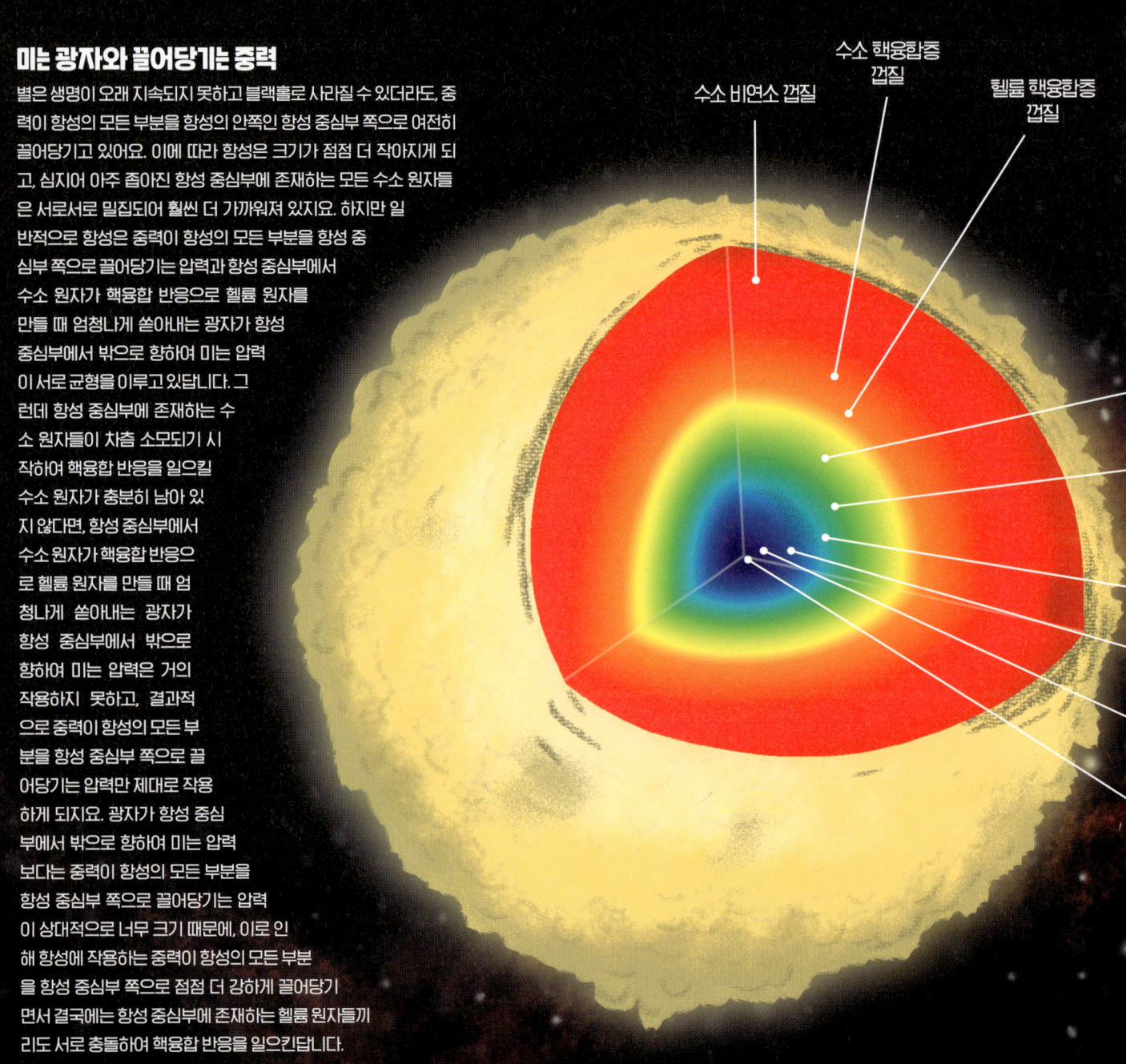

수소 비연소 껍질
수소 핵융합증 껍질
헬륨 핵융합증 껍질

★유명한 주요 인물탐구★
프레드 호일

영국의 천문학자 프레드 호일은 별들이 이전에 만들었던 원자들을 서로 충돌시키며 핵융합 반응을 일으켜 더 많은 원소를 만들어 낼 수 있다는 사실을 알아냈어요. 또한 프레드 호일은 어떻게 별들이 이전에 만들었던 원자들을 서로 충돌시키며 핵융합 반응을 일으켜 탄소 원소부터 원자핵에 양성자 26개를 가지고 있는 철 원소까지를 만들어 낼 수 있는지도 보여 주었지요.

- 탄소 핵융합증 껍질
- 산소 핵융합증 껍질
- 네온 핵융합증 껍질
- 마그네슘 핵융합증 껍질
- 규소 핵융합증 껍질
- 철 중심핵

미끄러운 비탈길

항성은 중심부에서 수소 원자 4개를 충돌시키며 핵융합 반응을 일으켜 헬륨 원자 1개를 만들어냈으므로, 항성 중심부에 존재하는 수소 원자 수만큼 헬륨 원자가 만들어질 수는 없어요. 항성 중심부에서는 수소 원자보다 헬륨 원자가 훨씬 더 빨리 소모되지요. 이를테면 헬륨 원자들을 서로 충돌시키며 핵융합 반응을 일으켜 탄소 원자를 만들어내는데, 좀 더 정확히 말해서 헬륨 원자 3개를 서로 충돌시키며 핵융합 반응을 일으켜 탄소 원자 1개를 만들어낸답니다. 항성 중심부에 존재하는 헬륨 원자 대부분이 서로 충돌하여 핵융합 반응이 되면, 같은 현상이 다시 일어나지요. 항성은 약간 붕괴하고, 핵융합 반응이 일어난 다음 항성 중심부에 남아 있는 헬륨을 충돌시키며 핵융합 반응을 일으켜 탄소 원자를 만들어 내는 작업을 다시 시작한답니다.

이러한 진화과정은 항성이 끊임없이 성장하며 항성 중심핵에 철 원자가 충분히 남아 있을 때까지 계속 진행되지요. 철 원자는 항성이 만들어 낼 수 있는 원자 가운데 가장 무거운 원자이므로, 항성 중심핵에 꼼짝도 하지 않고 정착되어 있어요. 이러한 진화과정을 통해 항성 중심부에 존재하는 수소 원자가 거의 다 소모되어 항성 중심부에서 핵융합 반응이 급격히 줄어들면서 항성 중심부가 급격히 함몰하며, 항성 중심부와 반대로 항성의 겉껍질이 어마어마할 정도로 거대하게 팽창하게 된 항성들을 적색 거성이라고 하지요. 적색 거성은 표면 온도가 낮아 하얀색으로 보이지 않고 적색(붉은색)으로 보이며, 엄청나게 거대하답니다!

항성의 진화 마지막 단계

죽음에 가까워지는 별들은 다음과 같이 크기에 따라 생을 마감하는 상황이 다르게 발생해요. 이를테면 크기가 가장 큰 항성들은 매우 재앙적인 폭발을 일으키며 생을 마감하지만, 크기가 훨씬 더 작은 항성들은 점점 줄어들어 아주 작고 뜨거운 항성 중심핵까지 수축하지요.

항성이 폭발할 때

우리 은하 내에서 가장 거대한 항성인 적색 거성과 적색 초거성은 진화 마지막 단계에서 '초신성 폭발'이라는 재앙적인 폭발을 일으키며 생을 마감해요. 초신성 폭발은 우주에서 일어난 사건들 가운데 가장 극적이고 화려한 폭발을 말하지요. 또한 가장 극적이고 화려하게 폭발한 초신성 폭발의 흔적들은 거대한 항성이 수백 년이나 수천 년 전에 지속적으로 폭발할 때 생긴 잔해로서 역사 기록에도 남겨져 있답니다.

폭발할 정도로 거대한 항성

우리 태양 질량의 10배에서 20배에 달하는 항성은 영광스럽게 불타오르며 생을 마감할 수 있어요. 또한 1,000만 년에서 2,000만 년 동안 불타오른 후에는 지구만한 크기의 항성 중심핵에 철 원자가 충분히 남아 있을 때까지 계속 진화하여 결국 적색 거성으로 성장하지요. 이때 항성 중심부에서 핵융합 반응이 완전히 멈추면, 중력은 거의 즉시 항성의 모든 부분을 항성 중심부 쪽으로 끌어당겨요. 그러면 항성 중심핵은 1초당 70,000km까지 수축하고, 결과적으로 항성은 붕괴돼요. 하지만 항성 중심부는 이미 에너지가 가득 차서, 항성이 붕괴할 때 생성된 모든 붕괴 에너지가 즉시 다시 중력파 형태로 우주 공간 곳곳에 방출되지요. 항성은 또한 급속히 붕괴하면서 생기는 충격파로 인해 초신성 폭발을 일으키게 돼요. 이처럼 초신성 폭발이 일어난 항성은 우리 태양이 일생동안 만들어낼 에너지보다 훨씬 더 많은 에너지를 단지 몇 초 만에 우주 공간으로 방출한답니다.

원자를 신속하게 소모하는 항성

항성은 항성 중심부에 존재한 수소 원자를 모두 다 충돌시키며 핵융합 반응을 일으켜 완전히 소모하기까지 100억 년이 걸릴 수도 있어요. 하지만 항성 중심부에 존재한 탄소 원자를 모두 다 충돌시키며 핵융합 반응을 일으켜 완전히 소모하기까지는 단지 600년 밖에 걸리지 않을 거예요. 또한 항성 중심부에 존재한 산소 원자를 모두 다 충돌시키며 핵융합 반응을 일으켜 완전히 소모하기까지는 6개월이 걸릴 것이고, 항성 중심부에 존재한 규소 원자를 모두 다 충돌시키며 철 원자로 핵융합 반응을 일으켜 완전히 소모시키기까지는 단 하루밖에 걸리지 않을 겁니다.

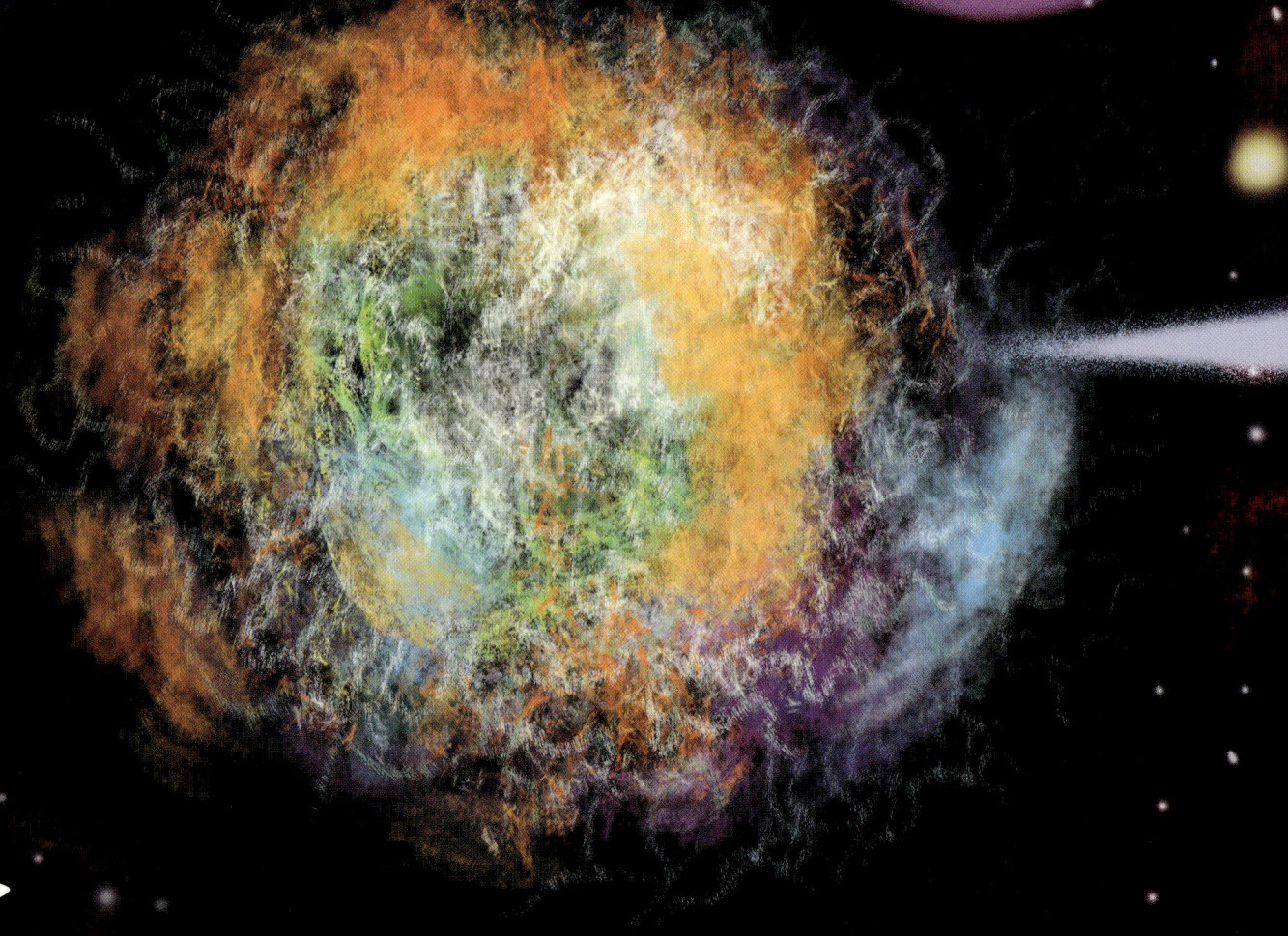

밝게 빛나는 항성

초신성은 항성 진화의 마지막 단계에 이른 항성이 폭발하면서 일시적으로 특별히 매우 밝게 빛나는 항성이므로, 밤하늘에서 그 어떤 별보다도 훨씬 더 밝게 빛날 수 있어요. 하지만 천체망원경이 없이도 맨눈으로 관측할 수 있을 만큼 지구에서 가까운 거리에 있는 초신성은 극히 드물어요. 이를테면 천체망원경이 없이 맨눈으로 관측한 마지막 초신성은 1604년에 우리 은하에서 마지막으로 폭발한 초신성이었지요. 이 초신성은 지구에서 20,000광년 정도 떨어져 있었어요. 그런데도 초신성이 매우 밝게 빛나고 있어서 낮에는 3주 동안, 밤에는 18개월 동안 관측할 수 있었답니다. 또한 400년 동안 초신성에서 방출된 먼지 구름과 가스 구름은 지름 크기가 14광년이 될 정도로 성장했어요.

우리 은하계 어딘가에 존재한 항성은 50년마다 한 번씩 초신성으로 폭발하고, 우주 어딘가에 존재한 항성은 대략 1초마다 한 번씩 초신성으로 폭발하고 있답니다.

항성이 극심한 고통으로 생을 마감하면서 탄생시킨 물질

가장 무거운 금속 원소는 보통 항성에서 탄생되지 않고, 초신성이 폭발하는 과정에서 탄생되지요. 이를테면 실제로 거대한 항성이 항성 중심부에 존재한 수소와 헬륨 등 가벼운 원자를 핵융합 반응을 통해 완전히 다 소모하면서 결국 핵융합 반응을 멈추면, 그다음으로 더 무거운 원자들을 서로 충돌시키며 핵융합 반응을 일으켜 철 원자까지 만들어내는데, 이때 항성의 중력이 매우 커지고 항성이 자기 중력을 이기지 못하며 붕괴하면서 초신성으로 폭발할 때 무거운 금속 원소가 탄생한답니다.

우라늄은 플루토늄 등과 같은 다른 방사성 원소들과 더불어 원자력 발전소에 동력을 공급하는 데 이용되지요.

은은 금속 가운데 열전도율과 전기 전도율이 가장 높은 금속이지요.

수은은 상온에서 유일하게 액체 상태인 금속이지요.

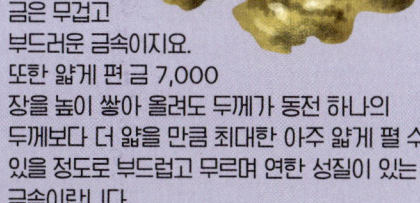

금은 무겁고 부드러운 금속이지요. 또한 얇게 편 금 7,000장을 높이 쌓아 올려도 두께가 동전 하나의 두께보다 더 얇을 만큼 최대한 아주 얇게 펼 수 있을 정도로 부드럽고 무르며 연한 성질이 있는 금속이랍니다.

비스무트는 반짝반짝 반사하는 듯이 표면에 광택을 띤 부드러운 금속이지요. 또한 잘 부서지고 깨지기 쉬운 금속이랍니다.

꺼져가는 불씨

초신성은 극적으로 폭발하면서 거대한 잔해를 남기지만, 이와 반대로 죽음에 이른 항성 중심핵은 그야말로 크기가 아주 작아요. 초신성 잔해는 일반적으로 가로지름이 몇 광년 정도 되는 크기이므로, 천문학자들은 초신성 잔해를 쉽게 발견할 수 있지요. 하지만 죽음에 이른 항성 중심핵은 기껏해야 도시 하나 정도 되는 크기랍니다.

원자에서 일어난 사건

항성 중심핵이 대이변으로 붕괴할 때, 항성 중심핵에 존재하고 있는 원자들은 작은 공간에서 파괴될 정도로 압착돼요. 이때 전자들은 원자의 중심인 원자핵으로 밀고 들어가서 양성자와 결합하여 중성자로 변해요. 원자가 차지한 공간의 대부분은 비어 있는데, 이 빈 공간은 원자핵과 전자 사이에 놓여 있어서 원자핵을 이루는 양성자와 원자핵 주변에 분포한 전자가 늘 서로 끌어당기므로 원자 크기가 훨씬 더 작아지게 되지요. 또한 원자핵을 이루는 양성자와 원자핵 주변에 분포한 전자가 늘 서로 끌어당기므로, 전자가 원자핵으로 밀고 들어가서 양성자와 결합하여 중성자로 완전히 바뀐답니다. 초신성 폭발이 일어나 항성 중심핵이 중성자 덩어리로 변하는데, 항성은 중성자 덩어리로 변한 중심핵을 제외하고 나머지 항성의 모든 부분을 우주로 방출하게 돼요. 이때 남은 중성자 덩어리를 '중성자 항성(별)'이라고 해요. 중성자 항성은 빈 공간이 없이 오로지 중성자만으로 구성되어 있으며, 블랙홀을 제외하고 우주에 존재한 천체 가운데 밀도가 가장 높은 천체에요. 또한 중성자 항성의 질량은 태양 질량의 2배나 3배 정도가 될 수 있으나, 크기는 단지 맨해튼 정도 되지요. 게다가 중성자 항성에서 각설탕만큼 작은 크기로 한 부분을 떼어낸다면, 이렇게 각설탕 크기로 떼어낸 한 부분의 질량은 무려 에베레스트만큼이나 된답니다.

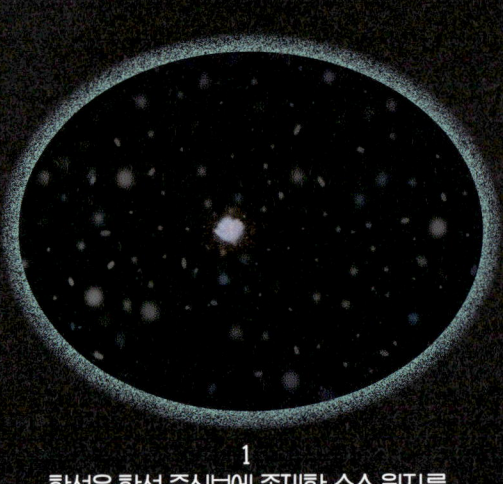

1
항성은 항성 중심부에 존재한 수소 원자를 모두 다 소모해요.

2
항성은 눈이 부실 정도로 강한 빛을 내며 폭발해요.

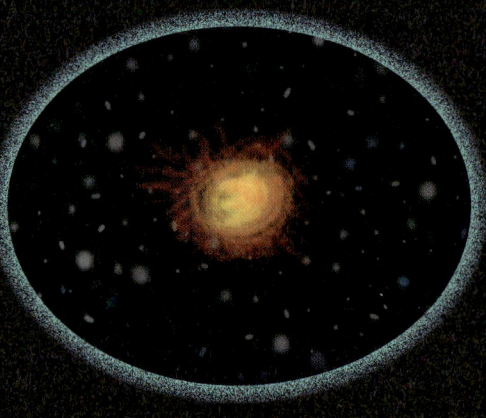

4
항성은 물질 대부분을 우주로 방출해요.

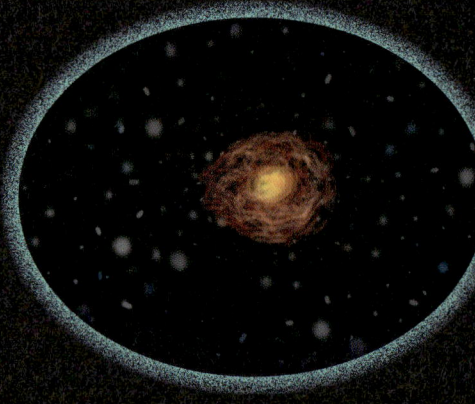

5
항성은 빛을 내는 구름을 형성해요.

7
10,000년 후, 초신성 잔해는 가로지름이 100광년 정도 돼요.

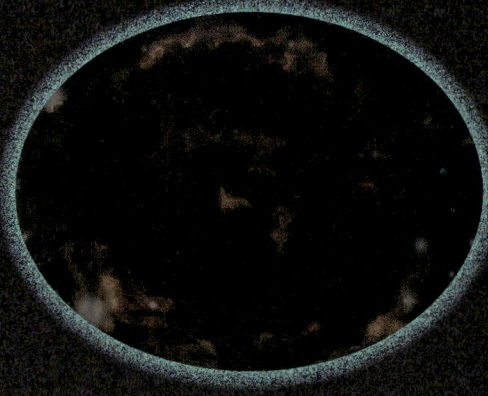

8
항성에서 탄생한 원소들은 우주 공간으로 흩어져요.

관측하기 힘든 중성자 항성과 블랙홀

태양 질량의 10배에서 29배에 달하는 항성들이 초신성 폭발 과정을 거친 다음에는 항성 중심핵이 변한 중성자 덩어리인 중성자 항성을 남겨요. 심지어 질량이 특별히 더 큰 항성들이 초신성 폭발을 일으킨 다음에는 항성 중심부에 남아 있는 물질들이 엄청난 중력으로 수축을 하게 되어 밀도가 아주 높아져 그로 인해 원자핵 자체가 부서지고 모든 질량이 중심에 모이는 블랙홀을 남기기도 하지요. 하지만 블랙홀과 중성자 항성은 둘 다 크기가 아주 작으면서도 어둡고 캄캄해서 관측하기가 힘들어요.

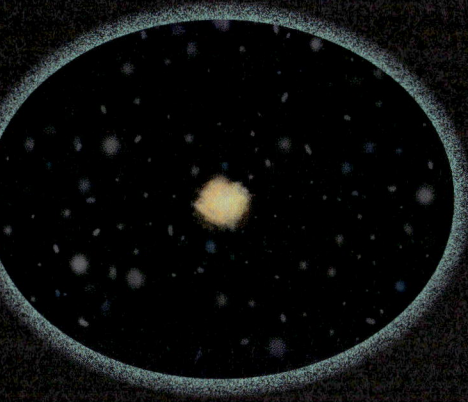

3
강한 빛을 내는 중심부가 성장하기 시작해요.

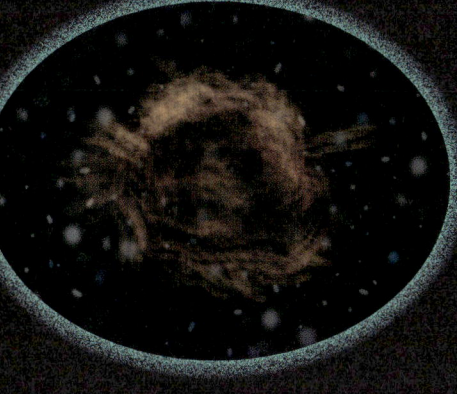

6
초신성 잔해는 우주로 팽창해요.

회전하는 중성자 항성

중성자 항성은 1초에 몇 번씩을 회전해요. 또한 중성자 항성은 다른 항성에 존재한 물질을 빨아들일 수 있는데, 다른 항성에 존재한 물질을 빨아들인 다음에는 훨씬 더 빠른 속도로 회전하지요. 중성자 항성 가운데 가장 빠르게 회전한다고 알려진 중성자 항성은 빛의 속도의 4분의 1 속도로 회전한답니다. 이렇게 강한 자기장을 가지고 초고속으로 아주 빠르게 회전하는 중성자 항성을 펄사(pulsar)라고 해요. 게다가 초고속으로 회전하는 펄사는 주기적으로 펄스 형태의 전파나 엑스선을 방출하므로, 이로 인해 우리는 펄사가 어디에서 어떻게 어떤 상태로 존재하고 있는지를 파악할 수 있답니다.

★ 유명한 주요 인물탐구 ★

조셀린 벨

영국의 천체물리학자 조셀린 벨은 1967년 대학원생 때 최초로 펄사를 발견했어요. 조셀린 벨이 1.3초마다 반복되는 전파 신호를 발견했을 때, 천문학자들은 이 전파 신호가 우주에서 외계인이 보낸 신호일 수 있을까 궁금하게 여겼어요. 천문학자들은 1054년 초신성 폭발로 인해 남겨진 게 성운의 한가운데에서 펄사를 발견했고, 이때 펄사의 실체를 밝혀냈답니다.

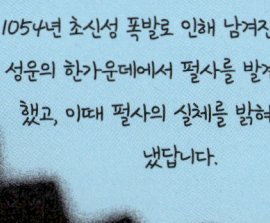

9
중심부에는 아주 작은 중성자 항성 하나만 남아 있어요.

처음부터 다시 시작

초신성은 극적으로 폭발하면서 아주 많은 새로운 원소들을 우주로 뿜어내요. 이를테면 항성에서 평생 동안 탄생된 원소들과 초신성 폭발이 일어날 때 발생하는 매우 많은 양의 열에너지로 인해 탄생된 새로운 원소들을 우주로 흩뿌리지요. 이렇게 우주로 흩뿌려진 원소들은 새로운 별들을 탄생시키는 데 이용될 수 있고, 결국 행성들을 탄생시키는 데에도 이용될 수 있답니다.

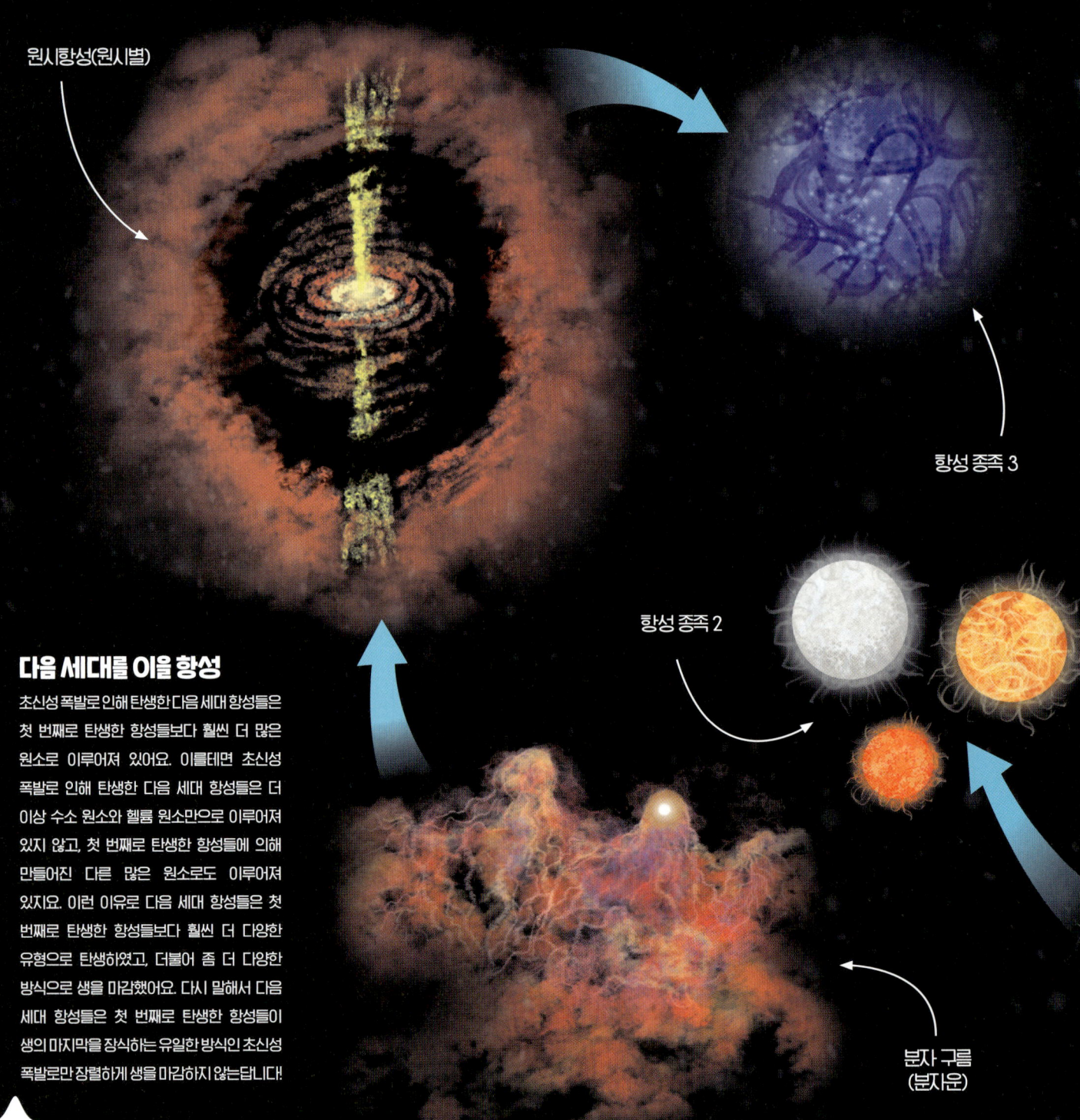

원시항성(원시별)

항성 종족 3

항성 종족 2

분자 구름 (분자운)

다음 세대를 이을 항성

초신성 폭발로 인해 탄생한 다음 세대 항성들은 첫 번째로 탄생한 항성들보다 훨씬 더 많은 원소로 이루어져 있어요. 이를테면 초신성 폭발로 인해 탄생한 다음 세대 항성들은 더 이상 수소 원소와 헬륨 원소만으로 이루어져 있지 않고, 첫 번째로 탄생한 항성들에 의해 만들어진 다른 많은 원소로도 이루어져 있지요. 이런 이유로 다음 세대 항성들은 첫 번째로 탄생한 항성들보다 훨씬 더 다양한 유형으로 탄생하였고, 더불어 좀 더 다양한 방식으로 생을 마감했어요. 다시 말해서 다음 세대 항성들은 첫 번째로 탄생한 항성들이 생의 마지막을 장식하는 유일한 방식인 초신성 폭발로만 장렬하게 생을 마감하지 않는답니다!

분자 구름을 한 점으로 붕괴시킨 충격파

초신성이 폭발하면서 생긴 충격파는 분자 구름이 떠도는 우주 공간 속으로 거칠게 지나가지요. 이때 충격파는 분자 구름이 떠도는 우주 공간 속으로 거칠게 지나가면서 바로 가까이에 존재한 분자 구름의 중력 균형을 무너뜨리고 분자 구름을 한 점으로 붕괴시켜 새로운 항성 탄생을 촉발시킨답니다.

초신성

초신성 잔해

초신성 폭발로 인해 탄생하여 우주를 더욱 풍성하게 만든 물질

새로운 원소로 채워지는 우주 공간

천문학자들은 항성을 항성 종족 1, 항성 종족 2, 항성 종족 3으로 분류해요. 이때 항성 종족 3으로 분류된 항성들은 빅뱅으로부터 만들어진 최초의 물질로 구성되어 탄생된 항성으로서 가장 오래된 첫 번째 항성 세대이지요. 다시 말해서 항성 종족 3으로 분류된 첫 번째 항성 세대가 맨 처음 형성될 때는 당시 우주 공간에 오로지 수소 원소와 적은 양의 헬륨 원소만이 존재했으므로, 항성 종족 3으로 분류된 첫 번째 항성 세대는 오직 수소 원소와 적은 양의 헬륨 원소만으로 구성되어 탄생되었어요. 또한 항성 종족 2로 분류된 항성들은 첫 번째 항성 세대가 맨 처음 탄생한 다음 초신성으로 폭발하면서 생을 마감할 때 만들어낸 새로운 원소들을 우주 공간으로 흩뿌린 이후에 탄생된 항성 세대에요. 다시 말해서 항성 종족 2로 분류된 항성 세대는 우주 공간에 여전히 풍부하게 존재하고 있는 수소 원소와 헬륨 원소뿐 아니라, 첫 번째 항성 세대가 생을 마감할 때 초신성으로 폭발하면서 만들어내고 우주 공간으로 흩뿌린 새로운 원소들로도 구성되어 탄생되었지요. 그리고 마지막으로 항성 종족 1로 분류된 항성들은 우리 태양을 포함하여 현재 가장 최근에 탄생된 항성 세대에요. 또한 항성 종족 1로 분류된 항성 세대는 당연히 항성 종족 2로 분류된 항성 세대보다 훨씬 더 많은 원소로 구성되어 탄생되고 있지요. 게다가 이전에 존재했던 항성 세대가 만들어낸 모든 원소로도 구성되어 탄생되었답니다.

원래 수소 원소와 헬륨 원소로 가득 채워진 우주 공간은 이처럼 시간이 흐를수록 점점 더 많은 다른 원소들로 채워져 새로운 항성들이 탄생되지요. 하지만 그렇다고 해서 우주 공간에 원래 존재했던 수소 원소가 시간이 흐를수록 완전히 다 소모될 거라고는 너무 염려하지 마세요. 우주 공간에는 아직도 핵융합 반응에 이용되지 않은 수소 원소가 여전히 많이 남아 있고, 심지어 수십억 년이 더 지나도 우주 공간에는 수소 원소가 완전히 다 소모되지 않을 거예요.

우리는 어떻게 알 수 있을까요?

천문학자들은 항성에서 뿜어져 나오는 빛을 관측하여 항성에 존재하고 있는 원소들을 자세히 파악해 낼 수 있어요. 원소들은 특정한 파장의 빛을 흡수하고, 또한 특정한 파장의 빛을 내며 빛나지요. 그래서 이런 이유로 항성에서 뿜어져 나오는 빛을 관측하면 항성에 어떤 원소가 존재하는지를 확실하게 파악해 낼 수 있답니다.

거성과 왜성

항성 종족 3으로 분류된 항성들은 빅뱅으로부터 만들어진 최초의 물질로 구성되어 탄생된 항성으로서 매우 거대하고, 항성 중심부에 존재하는 수소 원자를 충돌시키며 핵융합 반응을 일으켜 빠르게 다 소모했어요. 하지만 그 이후에 형성된 항성들 대부분은 항성 종족 3으로 분류된 항성들보다 크기가 훨씬 더 작고 항성 중심부에 존재하는 수소 원자들이 훨씬 더 오래 지속되지요. 그런데 이런 항성들은 크기가 너무 작아서 적색 초거성과 초신성을 탄생시킬 수 없답니다.

적색 거성부터 백색 왜성까지

우리 태양의 크기만 한 항성들은 생을 마감할 무렵에 수소 연소를 멈추고 수소보다 더 무거운 헬륨을 연소하기 시작하며 적색 거성으로 부풀어 올라요. 그런데 대이변으로 붕괴할 만큼 질량은 크지 않지요. 대신에 우리 태양의 크기만 한 항성들은 자신들이 만들어낸 원소들을 가지고 핵융합 반응을 일으키며 항성 중심핵 바깥 기체층을 우주 공간으로 모두 날려버려요. 이때 항성의 중력을 벗어나 우주 공간으로 방출된 항성 중심핵 바깥 기체층은 항성 주변에서 비교적 작은 원형을 이루며 밝게 빛나는 가스 성운으로 생성되는데, 이 작은 성운을 '행성상 성운'이라고 불러요. 이렇듯 행성상 성운은 우주 공간으로 흘러나가고, 행성상 성운에 뒤섞여 있는 여러 물질은 앞으로 새로운 항성들이 탄생하는 데 이용될 거예요. 항성 중심핵 바깥 기체층을 우주 공간으로 모두 날려버린 항성은 항성 중심부에 밀도가 높은 항성 중심핵만 남겨 두고 있어요. 홀로 남겨진 항성 중심핵에 존재하고 있는 원자들은 항성 중심핵을 안쪽으로 끌어당기는 중력으로 인해 수축된 항성 중심핵 안에서 원자들끼리 서로 너무 가까워져 압착되고 일그러지지요. 원자가 압착되고 일그러지면 전자가 원자핵 안으로 억지로 밀치고 들어가서 원자핵을 이루는 양성자와 결합하여 중성자로 완전히 바뀌지만, 그렇다고 해서 수축된 항성 중심핵 안에서 압착되고 일그러진 모든 원자가 오로지 중성자로만 이뤄진 원자로 다 바뀌지는 않아요. 항성 중심핵은 항성 중심핵 바깥 기체층이 우주 공간으로 방출되고 홀로 남겨진 후에 중력으로 인해 수축하여 백열 상태로 밝게 빛나는 항성이 형성되는데, 이렇게 크기가 작고 밀도가 지극히 높으며 흰빛을 내는 작은 항성을 백색 왜성이라고 부른답니다.

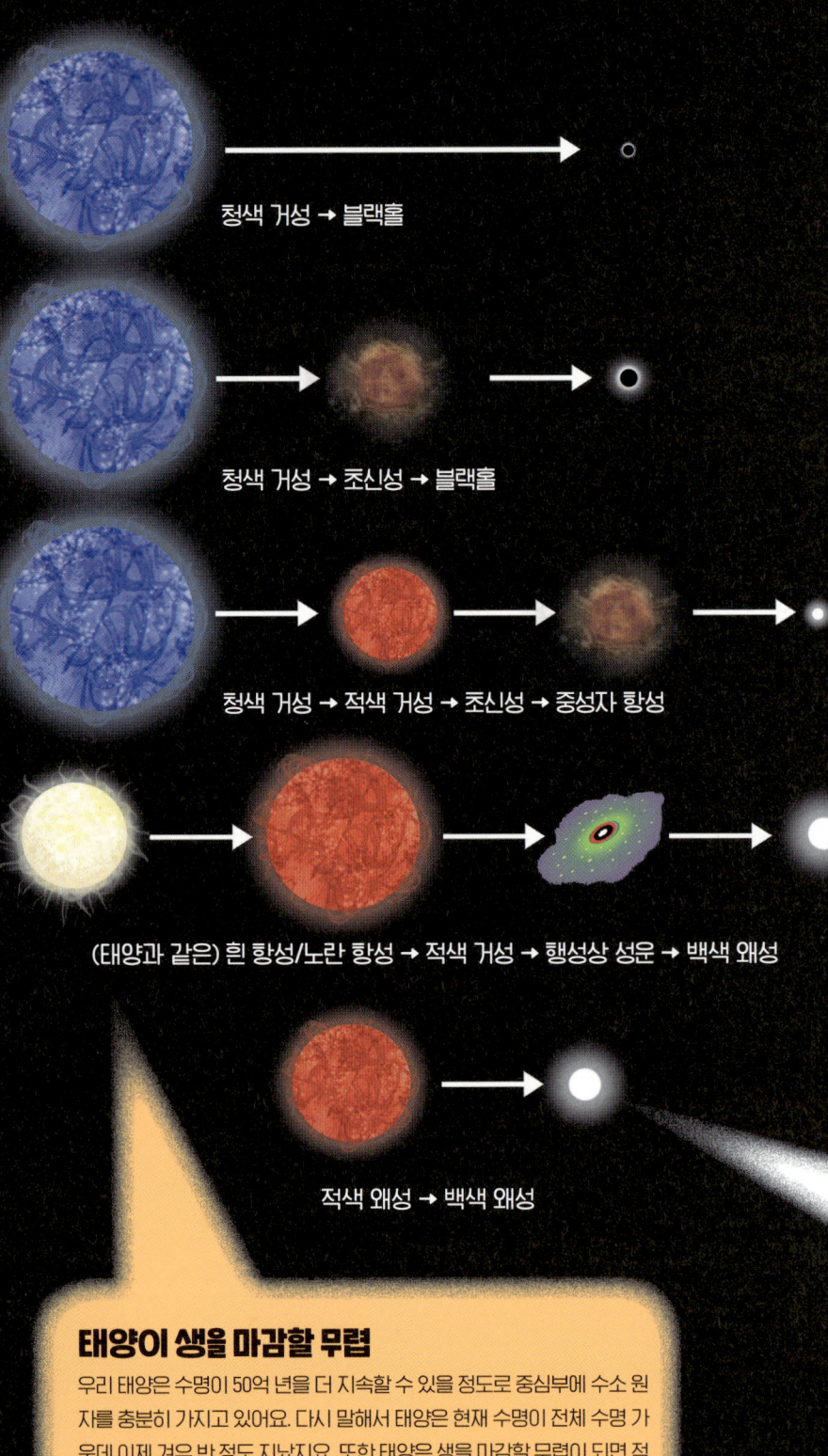

청색 거성 → 블랙홀

청색 거성 → 초신성 → 블랙홀

청색 거성 → 적색 거성 → 초신성 → 중성자 항성

(태양과 같은) 흰 항성/노란 항성 → 적색 거성 → 행성상 성운 → 백색 왜성

적색 왜성 → 백색 왜성

태양이 생을 마감할 무렵

우리 태양은 수명이 50억 년을 더 지속할 수 있을 정도로 중심부에 수소 원자를 충분히 가지고 있어요. 다시 말해서 태양은 현재 수명이 전체 수명 가운데 이제 겨우 반 정도 지났지요. 또한 태양은 생을 마감할 무렵이 되면 적색 거성으로 성장하여 중심핵 바깥 기체층이 지구 공전 궤도면까지 도달할 정도로 아주 많이 부풀어 오를 거예요.

계속 어두워진 백색 왜성

백색 왜성은 더 이상 원자핵 반응을 일으키지 않고 에너지를 만들어내지 않으므로, 영원히 밝은 빛을 내며 높은 표면 온도를 유지할 수 없어요. 또한 백색 왜성은 표면 온도가 점점 더 낮아지면서 더욱더 흐릿하고 칙칙하게 어두워지지요.

백색 왜성은 수조 년 혹은 수조 년 이상 동안 차갑게 냉각되어서, 결국 더 이상 밝은 빛을 내지 않는 상태에서 흐릿하고 칙칙하게 어두운 흑색 왜성으로 될 거예요. 하지만 우주는 아직 흑색 왜성이 존재할 정도로 나이가 그렇게 많지 않답니다.

백색 왜성

너무 작아서 늙을 수 없는 적색 왜성

태양보다 크기가 훨씬 더 작고 표면 온도가 훨씬 더 낮은 항성들은 적색 왜성이에요. 적색 왜성은 항성 중심부에 존재한 수소 원자들을 천천히 충돌시키며 핵융합 반응을 서서히 일으키므로 수조 년 동안 계속 밝은 빛을 내고 있지요. 하지만 우주는 아직 나이가 너무 어려서 늙거나 죽어가는 적색 왜성을 가질 수 없답니다.

차갑게 냉각된 백색왜성

백색 왜성의 표면 중력

우리는 백색 왜성에서 살아갈 수 없어요. 하지만 혹시라도 우리가 백색 왜성으로 갈 수 있다면, 우리는 아마도 백색 왜성에서 기묘하고 이상한 경험을 할 거예요. 이를테면 백색 왜성의 딱딱한 표면을 이루는 지각은 두께가 50km 정도 되지만, 백색 왜성의 대기층은 겨우 몇 cm 정도밖에 되지 않아요. 만약에 우리가 백색 왜성에서 어떤 물체를 떨어뜨린다면, 우리가 떨어뜨린 물체는 백색 왜성의 강한 표면 중력에 의해 극도로 빠르게 떨어지며 충격을 받아 산산조각이 나서 백색 왜성 표면 위로 퍼져 나갈 거예요. 심지어 백색 왜성의 표면 중력은 우리가 떨어뜨린 물체를 가능한 최대로 끌어당기고 물질을 붙잡아 둘 정도로 매우 강하기 때문에, 백색 왜성의 표면은 우둘투둘하지 않고 덩어리진 곳이 없이 완전히 매끄럽고 부드럽답니다.

흑색 왜성

점점 더 애매모호해지는 우주

우주는 우리가 우주에 관해서 새로운 사실들을 발견하고 자세히 파악할수록 어마어마하게 신비로워져요. 오늘날 천문학자들은 우리가 우주에 관해서 제대로 잘 파악하지 못한 부분들이 지금도 매우 많이 존재하고 있다는 사실을 스스로 확실하게 인지하고 있답니다!

어둠 속에서 관측하지 못한 물질

만약에 은하가 오로지 우리가 직접 관측할 수 있는 항성과 같은 질량만을 갖고 있다면, 은하는 매우 빠르게 회전하면서 산산조각이 날 거예요. 그래서 은하는 회전하면서 산산조각이 나지 않으려면 충분히 강한 중력이 작용하도록 우리가 직접 관측할 수 있는 항성과 같은 질량보다 훨씬 더 많은 질량을 갖고 있어야 해요. 다시 말해서 은하는 우리가 직접 관측할 수 있는 항성과 같은 질량보다 6배 정도로 훨씬 더 많은 질량을 갖고 있어야 한답니다.

우주에는 아주 많은 물질이 존재하지만, 분명히 우리가 직접 관측하지 못한 물질들도 존재하지요. 그러므로 우리가 직접 관측할 수 있는 물질은 우주에 존재하는 물질 가운데 그저 아주 작은 한 부분에 불과할 수 있다는 사실을 염두에 두어야 해요. 천문학자들은 질량이 우주 전체 질량의 23% 정도에 이르지만, 아무런 빛도 내지 않아서 우리가 아직 직접 관측하지 못한 물질을 '암흑 물질'이라고 불러요. 암흑 물질은 빛을 내지 않는 암흑성이나 관측되지 않게 가려진 행성들과 같은 보편적인 물질이 아니라, 완전히 새로운 형태의 물질이랍니다.

빠르게 팽창하는 우주

우리가 직접 관측할 수 있는 물질은 우주에 존재하는 물질 가운데 그저 아주 작은 한 부분에 불과할 수 있으므로, 우리가 우주를 충분히 파악하고 이해하기가 어렵다고 생각할 수도 있어요. 하지만 우주 공간에서는 그보다 훨씬 더 이해하기 힘든 상황들이 드러나고 있답니다. 1990년대에 천문학자들은 서로 멀리 떨어져 있는 은하들이 그 어느 때보다도 더 빠르게 서로 멀어지고 있다는 사실을 발견했어요. 모든 사람은 중력이 우주의 팽창 속도를 늦출 거라고 추정했으므로, 서로 멀리 떨어져 있는 은하들이 그 어느 때보다도 더 빠르게 서로 멀어지고 있다는 사실을 접하고서 정말 놀라웠지요.

50억 년 전까지만 해도 우주는 끊임없이 점점 더 크게 팽창했어요. 하지만 그 이후로는 우주가 더욱 빠른 속도로 팽창하고 있답니다.

★유명한 주요 인물탐구★

베라 루빈

루빈은 항성이 우리 은하를 중심으로 공전하는 속도를 계산하면서 우주 공간에 암흑 물질이 틀림없이 존재한다는 사실을 밝혀냈어요. 우리 은하를 구성하는 물질 중에는 우리가 직접 관측할 수 있는 물질의 질량보다 훨씬 더 많은 질량을 갖는 암흑 물질이 존재하고 있다는 사실을 파악할 수 있어요. 또한 이와 마찬가지로 항성이 우리 은하를 중심으로 공전하는 속도를 계산하면, 우리 은하 주변을 둘러싸는 둥근 모양의 영역으로서 암흑 물질로 이루어져 있는 헤일로도 명확하게 파악할 수 있을 겁니다.

아무것도 없는 우주 공간

우주가 점점 더 빠르게 팽창할수록, 우주에서는 은하들 사이의 거리가 훨씬 더 멀어져서 은하들 사이에 비어 있는 우주 공간이 더욱 많이 생겨나지요. 빈 우주 공간이 더욱 많이 생겨난다는 의미는 우주 공간에 '아무것도 없는' 부분이 더욱더 많아진다는 뜻이지요! 은하들 사이의 거리가 점점 더 멀어지도록 은하들을 서로 멀리 밀어내는 힘을 '암흑 에너지'라고 하는데, 암흑 에너지는 중력의 반대 방향으로 작용해요. 중력은 모든 물체를 바깥쪽에서 안쪽 중심부로 끌어당기지만, 암흑 에너지는 모든 물체를 중심부에서 바깥쪽으로 밀어내요. 이렇게 모든 물체를 중심부에서 바깥쪽으로 밀어내는 암흑 에너지가 어떻게 작용하고, 어디에서 생겨났는지를 제대로 이해하고 파악하는 사람은 아무도 없어요.

암흑 에너지는 암흑 물질보다 훨씬 더 많은 우주 공간을 형성하고 있어요. 이를테면 우주 공간은 전체 우주 공간 가운데 68%가 암흑 에너지로, 27%가 암흑 물질로 구성되어 있고, 겨우 5% 정도가 보통 물질로 구성되어 있지요. '보통' 물질은 우주 공간에서 단연코 극도로 작은 일부분을 형성하고 있는데, 보통 물질이라고 해도 그다지 평범하고 정상적인 물질은 아니에요. 하지만 우주 공간에서 가장 작은 일부분을 형성하는 보통 물질에는 모든 항성과 행성, 달, 게다가 우리가 직접 관측하거나 측정할 수 있는 모든 물질 등이 포함된답니다.

좀 더 복잡한 화학 물질로의 탄생

항성(별)들은 자신들이 새로 만들어낸 원소들을 우주 공간으로 마구 쏟아부었어요. 하지만 우리 주변에 존재하는 물질들 대부분은 항성들이 새로 만들어 우주 공간으로 쏟아낸 원소들로 만들어지지 않아요. 다시 말해서 우리 주변에 존재하는 물질들은 서로 다른 2개 이상의 화학 원소들이 일정한 비율로 구성된 '화합물'이라는 좀 더 복잡한 화학 물질로 탄생된답니다.

원소

실험실에서 인공적으로 만들어낸 인공 원소가 아니라, 자연적으로 탄생하여 우주에 원래 존재하는 자연 원소는 94개 정도에요. 자연 원소 94개는 모두 항성과 행성, 달, 혜성, 우주에 존재하는 다른 모든 보통 물질 등을 탄생시키는 데 필요해요. 또한 모든 원소는 원소마다 원소의 원자 모형이 각기 다르며, 원자핵을 이루는 양성자 수도 각각 달라요. 하지만 물과 바위, 식물, 사람, 다른 모든 물질 등 우리 주변에 존재하는 모든 물질을 탄생시키려면, 일단 원소들이 서로 결합하여 화합물을 만들어야 해요.

원자와 분자

서로 다른 2개 이상의 원자들을 함께 결합하면 분자가 만들어져요. 그리고 서로 다른 2개 이상의 원자들이 함께 결합하여 만들어진 분자는 원자들을 다시 얻거나 다른 분자를 만들기 위해 다시 분해될 수 있어요. 하지만 분자를 분해하기는 언제나 그렇게 쉽지가 않아요.

원자들은 각자 전자를 얼마나 가지고 있느냐에 따라 원자들끼리 서로 결합하는 상황이 달라져요. 어떤 원자들은 전자를 더 많이 가질수록 더욱더 안정한 상태를 유지할 것이고, 또 다른 어떤 원자들은 전자를 더 적게 가질수록 더더욱 안정한 상태를 유지할 거예요. 이런 이유로 원자들은 다른 원자들과 함께 전자를 서로 주고받으면서 분자를 만들 수 있답니다.

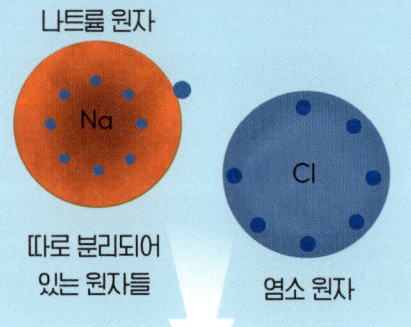

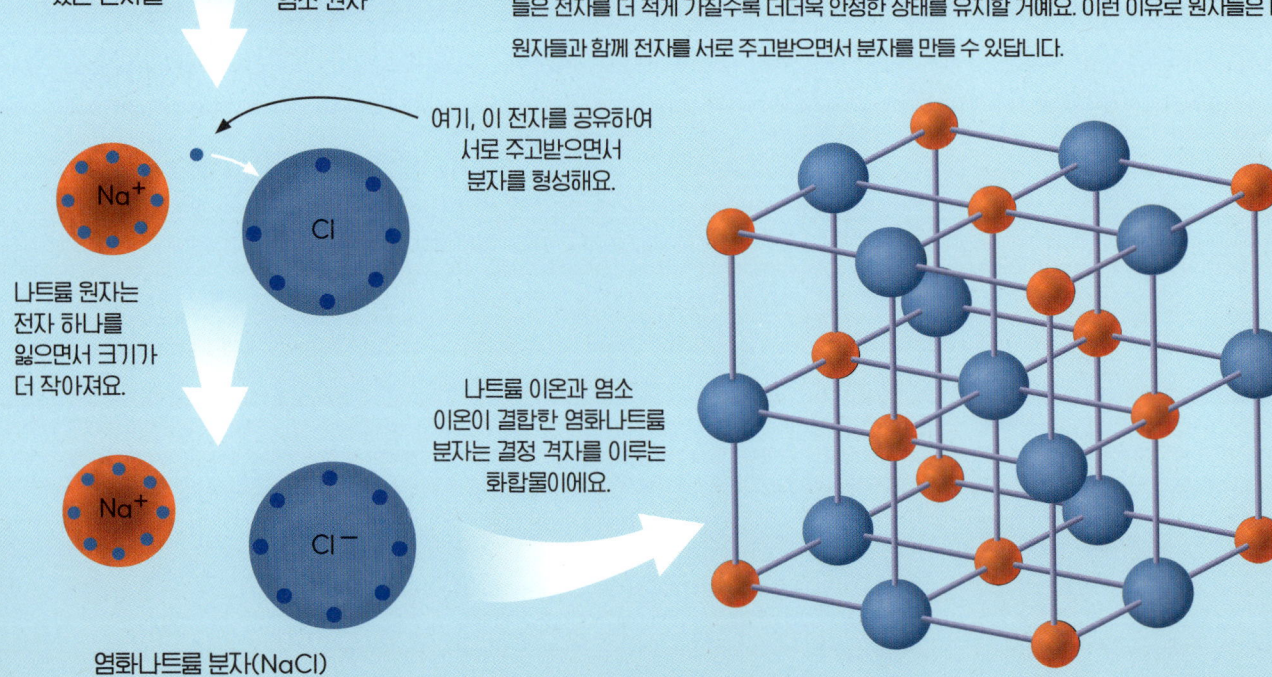

나트륨 원자

따로 분리되어 있는 원자들

염소 원자

여기, 이 전자를 공유하여 서로 주고받으면서 분자를 형성해요.

나트륨 원자는 전자 하나를 잃으면서 크기가 더 작아져요.

나트륨 이온과 염소 이온이 결합한 염화나트륨 분자는 결정 격자를 이루는 화합물이에요.

염화나트륨 분자(NaCl)

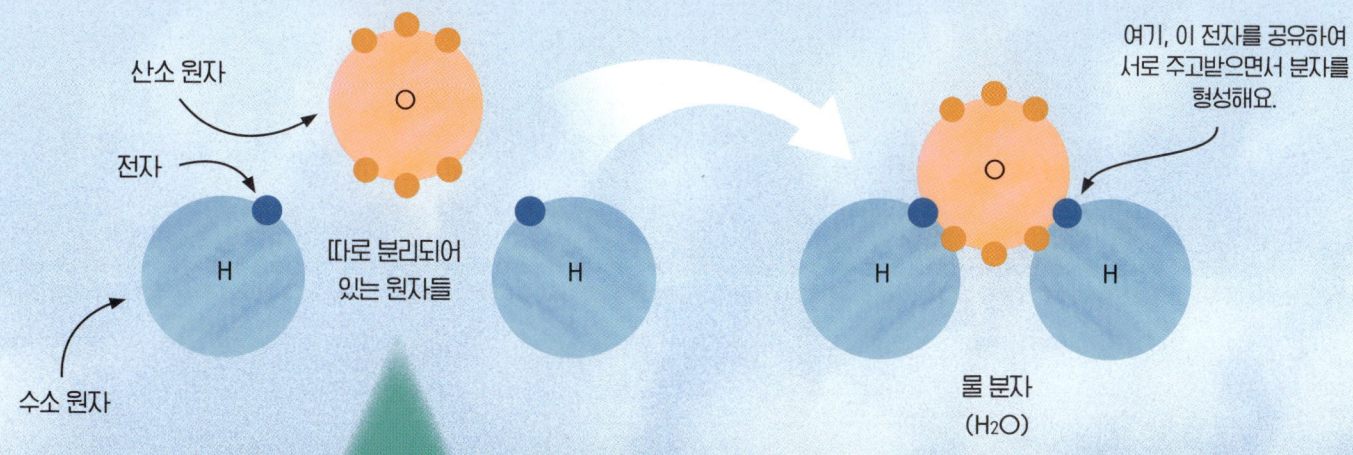

세상 밖으로 탄생한 물

물은 수소와 산소로 이뤄진 화합물이에요. 수소와 산소는 둘 다 기체이지요. 물 분자 1개는 산소 원자 1개와 수소 원자 2개로 구성되어 있어요. 빅뱅이 일어난 이후 10억 년 만에 가스 구름에서 첫 번째로 물이 형성되었어요. 맨 처음으로 탄생한 별들이 산소를 우주 공간으로 방출한 후에야 물이 형성될 수 있었으나, 항성들이 산소를 우주 공간으로 방출하기 전에는 물이 형성될 수 없었지요. 또한 이 때 산소와 수소가 결합하여 형성된 물은 처음에 기체 상태인 수증기로 존재했고, 나중에 고체 상태인 아주 작은 얼음 알갱이로 존재했답니다.

암석을 만드는 데 필요한 분자들도 우주 공간에서 생겨났고, 심지어 생명체를 만드는 데 필요한 생체 분자들도 우주 공간에서 생겨났어요. 행성을 탄생시키는 데 필요한 물질이 우주 공간에서 함께 모였을 때는 암석을 만들 수 있는 화합물 속에 행성을 탄생시키는 데 필요한 많은 물질이 이미 존재해 있었지요.

염화나트륨(소금) 결정체

생명체가 우주 공간에서 탄생하나요?

생명체는 아주 많이 복잡한 탄소 화합물로 만들어져요. 이를테면 탄소 원자와 수소 원자와 다른 많은 원자가 함께 결합하여 커다란 분자로 형성된 아주 복잡한 탄소 화합물로 만들어지지요. 탄소를 기반으로 하는 분자들 가운데 어떤 분자들은 우주 공간에서 발견되고 있어요. 과학자들은 탄소를 기반으로 하는 분자들 가운데 일부를 우주에서 날아온 운석 조각에서 발견했어요. 탄소를 기반으로 하는 분자들은 그저 생명체를 탄생시키는 데 필요한 유기 화합물일 뿐이지만, 탄소를 기반으로 하는 생명체가 탄생하기에 좋은 생체 분자이지요! 다시 말해서 탄소를 기반으로 하는 분자가 많이 존재하는 장소에서는 생명체가 그만큼 많이 탄생할 수 있다는 의미이기도 합니다.

먼지와 가스로 뒤섞인 우주

빅뱅으로 만들어진 최초의 물질로 구성되어 첫 번째로 탄생한 항성 세대가 스스로 만들어낸 원소들을 우주 공간으로 쏟아낸 다음부터, 우주 공간에는 새로운 항성을 탄생시키는 데 필요한 원소들이 훨씬 더 많이 존재했어요. 이때 새로 탄생한 항성들도 첫 번째로 탄생한 항성 세대와 마찬가지로 여전히 수소 원자들을 서로 충돌시키며 핵융합 반응을 일으켜 에너지를 만들어내고 있었지요. 새로 탄생한 항성들은 첫 번째로 탄생한 항성 세대가 만들어 우주 공간으로 쏟아낸 원소들을 이용하지 않았지만, 그래도 첫 번째로 탄생한 항성 세대가 만들어 우주 공간으로 쏟아낸 원소들은 새로운 항성들이 행성을 탄생시키는 데 이용될 정도로 아주 유용했어요. 게다가 행성만이 아니라, 달과 소행성, 혜성, 심지어 거대한 가스 덩어리부터 단단한 금속 덩어리까지 우주에 존재하는 모든 물질계를 탄생시키는 데 이용되었답니다.

우리가 행성과 달에 관해서 제대로 이해하고 있는 정보들 대부분은 우리 지구가 속한 태양계를 연구하면서 파악해낸 결과물이지요. 하지만 태양계가 포함된 우리 은하 어딘가 또 다른 곳에 존재하는 항성들이나, 아마도 또 다른 은하 어딘가에 존재하는 항성들도 행성을 탄생시켜서 가지고 있어요. 우리 은하 어딘가에서나 다른 은하 어딘가에서 탄생한 행성들 가운데 어떤 행성들은 우리 태양계에서 탄생한 행성들과 유사할 테지만, 대부분 행성은 우리 태양계에서 탄생한 행성들과 매우 많이 다를 겁니다.

붕괴하는 먼지 구름과 가스 구름

붕괴하는 먼지 구름과 가스 구름의 한가운데에서 별이 탄생하는데, 이때 탄생한 항성 속으로 빨려 들어가지 않은 물질은 탄생한 항성을 중심으로 빙글빙글 돌며 납작해진 원반을 형성하지요.

충돌하고 붕괴하는 먼지 구름 입자와 가스 구름 입자

붕괴하는 먼지 구름과 가스 구름의 한가운데에서 탄생한 항성을 중심으로 빙글빙글 도는 납작한 원반 속에는 빠르게 돌아다니며 서로 충돌하고 붕괴하는 먼지 입자와 가스 입자들로 가득 차 있어요. 빠르게 돌아다니는 먼지 입자와 가스 입자들 가운데 어떤 입자들은 입자들끼리 서로 충돌하면서 함께 달라붙어 약간 더 큰 입자 덩어리로 형성된답니다. 이때 더 커진 입자 덩어리들이 다른 입자 덩어리들과 또 서로 충돌하여 함께 달라붙어 훨씬 더 큰 덩어리로 형성되면, 이렇게 훨씬 더 커진 덩어리들은 훨씬 더욱 강한 중력이 작용하여 물질을 훨씬 더 강하게 끌어당기지요. 또한 항성 중심으로 빙글빙글 도는 납작한 원반 속에는 빠르게 돌아다니며 서로서로 충돌하는 입자 덩어리들로 가득 차게 된답니다. 납작한 원반 속에서 빠르게 돌아다니는 입자 덩어리들이 점점 더 커질수록, 입자 덩어리들은 훨씬 더 과격하게 충돌하게 돼요. 입자 덩어리들끼리 서로 과격하게 충돌할 때, 어떤 입자 덩어리들은 함께 달라붙고, 또 어떤 입자 덩어리들은 서로를 으스러뜨려 붕괴시키고, 또 어떤 입자 덩어리들은 그냥 서로 튕겨 나가지요. 하지만 으스러지고 붕괴된 입자 덩어리들은 머지않아 새롭게 또 다른 입자 덩어리들과 서로 충돌하여 함께 달라붙어 더 큰 입자 덩어리로 형성된답니다.

점점 더 성장하는 입자 덩어리

입자 덩어리가 더 크게 성장할수록, 입자 덩어리는 다른 입자 덩어리와 서로 충돌하면서 '훨씬 더 끈적끈적하게' 달라붙게 되지요. 입자 덩어리는 크기가 커질수록 훨씬 더 강한 중력이 작용하여 물질을 훨씬 더 강하게 끌어당기며 붙잡고 있기 때문이에요. 입자 덩어리들끼리 서로 충돌하여 붕괴하지 않고 함께 달라붙어 살아남은 입자 덩어리들은 가로지름이 1km 정도에 달하는 순간, 그때부터 걷잡을 수 없이 아주 빠르게 성장하는 단계로 접어들기 시작해요. 아주 빠르게 성장하는 단계로 접어든 입자 덩어리들은 붕괴하는 먼지 구름과 가스 구름의 한가운데에서 탄생한 항성의 주변으로 돌진하여 자신들이 '원시 행성'이나 '미행성체'라고 하는 소행성이 될 때까지 물질을 점점 더 많이 끌어모아 성장하지요. 이때 먼지 입자에서 '원시 행성'이나 '미행성체'라고 하는 소행성으로 성장하기까지는 100만 년도 채 걸리지 않는답니다.

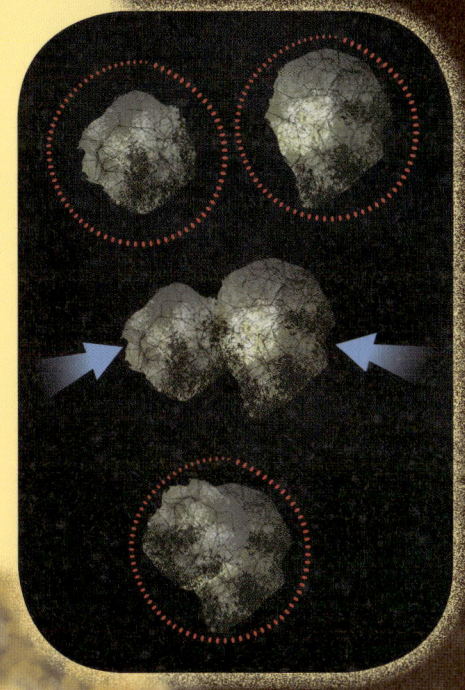

우리는 어떻게 알 수 있을까요?

우리는 우주에서 떠다니는 먼지 속에 무엇이 존재하는지 제대로 파악하고 있어요. 우주에서 떠다니는 먼지 가운데 일부가 주기적으로 지구 중력에 이끌려 '미소 운석'으로 지구에 떨어지기 때문이에요. 게다가 우주에서 떠다니는 먼지 일부는 우주를 탐사하는 우주비행사가 수집해 오기도 했지요. 이렇듯 '미소 운석'으로 지구에 떨어지거나 우주를 탐사하는 우주비행사가 수집해 온 일부 먼지는 그저 우리 지구가 속한 태양계에서 떠다니는 먼지에 불과하지만, 물론 다른 항성들에서 떠다니는 먼지 속에도 틀림없이 우리 지구가 속한 태양계에서 떠다니는 먼지 속에 존재하는 물질과 거의 유사한 물질이 존재할 겁니다.

먼지는 있어도, 먼지 덩어리는 없어요

갓 태어난 별을 둘러싸서 빙글빙글 회전하고 있는 원시 행성계 원반 속에 존재하는 '먼지'는 우리가 누워서 잠드는 침대 아래에 존재하는 먼지와 사뭇 달라요. 이를테면 침대 아래에 존재하는 먼지들은 주로 사람의 피부와 머리카락, 옷감, 침대 자재 등등에서 떨어져 나온 먼지들이 뭉쳐 혼합되어 있어요. 하지만 우주에서 떠다니는 먼지는 탄소와 규소 등등 서로 다른 원소 2개 이상이 함께 결합하여 형성된 화합물로 혼합되어 있지요. 이때 서로 다른 원소 2개 이상이 함께 결합하여 형성된 화합물 가운데 일부는 생명체를 탄생시키는 데 필요한 탄소 화합물의 일종일 수도 있고, 또 다른 일부는 암석을 생성하는 데 필요한 규소 산화물의 일종일 수도 있어요. 이러한 먼지 입자들은 서로 달라붙어 있는 분자 몇 개만큼이나 크기가 작거나, 0.1mm 정도로 크기가 클 수 있는데, 크기가 분자 몇 개만큼이든, 0.1mm 정도든 간에 먼지 입자의 크기는 실제로 그다지 크지 않답니다!

소행성이 될 정도로 성장하는 입자 덩어리

결국 우주에 존재하는 입자 덩어리들 가운데 일부는 소행성이 될 정도로 크게 성장해요. 우주 공간에서 태양을 중심으로 공전할 수 있는 공전 궤도를 확보할 만큼 크게 성장한 입자 덩어리는 충분히 행성으로 여겨질 정도로 계속 성장하고 있지요. 입자 덩어리는 크기가 커질수록 훨씬 더 강한 중력이 작용하여 물질을 훨씬 더욱더 강하게 끌어당기며 붙잡고 있기 때문에, 주변에 존재하고 있는 모든 물질 가운데 자신보다 조금 더 작은 입자와 입자 덩어리들을 스스로 모조리 끌어 당겨와 공전 궤도를 확보해서 행성으로 여겨질 정도로 크게 성장한답니다.

구형인 행성으로 탄생한 입자 덩어리

마치 지구가 자전축을 중심으로 하루(24시간)에 한 바퀴씩 회전하듯이, 거의 행성이 될 정도로 성장한 입자 덩어리들은 지구처럼 자신들만의 자전축을 중심으로 회전해요. 만약에 거의 행성이 될 정도로 성장한 입자 덩어리의 크기가 최소한 가로지름이 1,000km 정도로 충분히 크다면, 이때 이 입자 덩어리의 중력은 입자 덩어리가 행성처럼 공 모양으로 될 때까지 입자 덩어리의 모든 표면을 입자 덩어리 안쪽의 중심 방향으로 끌어당길 거예요. 거의 행성이 될 정도로 성장한 입자 덩어리가 공 모양으로 형성되면, 입자 덩어리의 표면을 이루는 모든 부분 하나하나는 각각 다른 모든 부분과 마찬가지로 입자 덩어리의 중심부에서 같은 거리에 존재하게 되지요. 이처럼 거의 행성이 될 정도로 성장한 입자 덩어리는 자신만의 공전 궤도를 확보하고 자신만의 강한 중력에 의해 구형(공 모양)으로 형성되면서 결국 이렇게 구형인 행성으로 탄생하게 되었답니다!

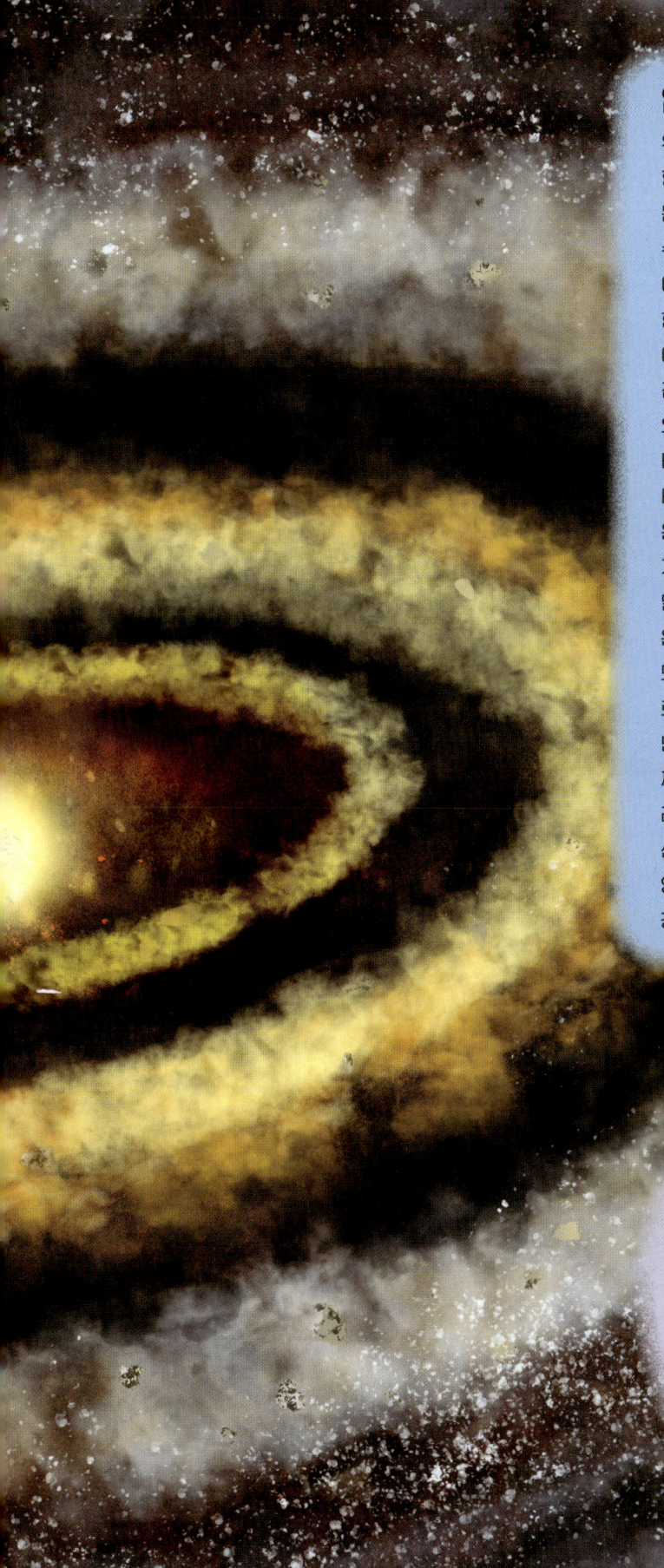

암석형 행성과 기체형 행성

우리 태양계에는 태양 가까이에서 태양을 중심으로 공전하는 암석형 행성이 존재하고, 태양에서 아주 멀리 떨어져 태양을 중심으로 공전하는 기체형 행성과 얼음형 행성이 존재해요. 이를테면 암석형 행성에는 수성과 금성, 지구, 화성이 속하지요. 또한 기체형 행성과 얼음형 행성에는 약간씩 성격상 차이가 있지만 목성과 토성, 천왕성, 해왕성이 속한답니다. 이때 암석형 행성들이 기체형 행성과 얼음형 행성보다 태양에 더 가까이 형성되는 이유는 암석형 행성들이 대체로 녹는점과 끓는점이 가장 낮은 암석과 금속과 같은 물질들로 구성되어 있기 때문이에요. 암석과 금속과 같은 물질들은 태양 가까이에서도 단단한 고체 상태로 존재하지요. 따라서 물질이 덩어리를 형성하여 태양 가까이에서 태양을 중심으로 공전하는 암석형 행성으로 성장할 수 있으려면, 물질은 반드시 단단한 고체 상태를 이뤄야 한답니다.

기체형 행성과 얼음형 행성들이 암석형 행성들보다 태양에서 훨씬 더 멀리 떨어져 형성되는 이유는 기체형 행성과 얼음형 행성들이 매우 낮은 온도에서만 꽁꽁 얼어서 단단한 고체 상태로 되는 물질들로 구성되어 있기 때문이에요. 또한 거대한 기체형 행성은 중심부에 암석으로 이뤄진 중심핵이 존재하는데, 암석으로 이뤄진 중심핵 주변에서 단단한 고체 상태로 꽁꽁 얼어붙은 작은 가스 덩어리들이 한데 모여 함께 뭉쳐지면서 성장해요. 게다가 기체형 행성과 얼음형 행성들은 '서리선'이나 '얼음선'이라는 경계 바깥에서 형성되지요. 이를테면 '서리선'은 지구상에서 액체 상태나 기체 상태로 존재하는 화학 물질이 태양에서 아주 멀리 떨어진 곳에서 단단한 고체 상태로 꽁꽁 얼어붙은 경계선을 말하며, '얼음선'이라고도 부른답니다.

중심부가 불룩한 거대 행성

거대한 행성들은 중심부가 불룩한 타원형이지만, 거대한 행성들보다 크기가 더 작은 행성들은 좀 더 구형에 가까워요. 거대한 행성들은 중심부가 불룩한 타원형이므로, 자전할 때 모든 부분이 전체적으로 완벽하게 회전하기 위해서 적도(중심부 부분)에 위치한 부분은 북극(자전축의 북쪽 끝부분)과 남극(자전축의 남쪽 끝부분)에 위치한 부분보다 훨씬 더 빠른 속도로 회전해야 해요. 그래서 적도에 존재하는 물질 가운데 일부는 항상 우주 공간으로 튕겨 나갈 상황에 부닥치게 되지요. 하지만 이때 중력이 작용하여 적도에서 우주 공간으로 튕겨 나가려는 물질을 적도 부분에 간신히 붙잡아 두고 있답니다.

65

암석형 행성

암석형 행성은 더 크게 성장할수록 여러 층으로 분리가 돼요. 암석형 행성이 더 크게 성장할수록 결국 암석형 행성의 내부 중심핵은 가장 무거운 금속으로 이루어지고, 표면층은 가장 가벼운 물질로 이루어지지요. 예를 들어 암석형 행성으로 분류되는 지구를 살펴보면, 지구의 내부 중심핵은 가장 무거운 중금속으로 이루어져 있고, 고체 상태로서 지구 표면을 차지하는 부분인 지각은 단단한 암석으로 이루어져 있으며, 지구 표면을 둘러싼 대기는 가벼운 기체들로 이루어져 있답니다.

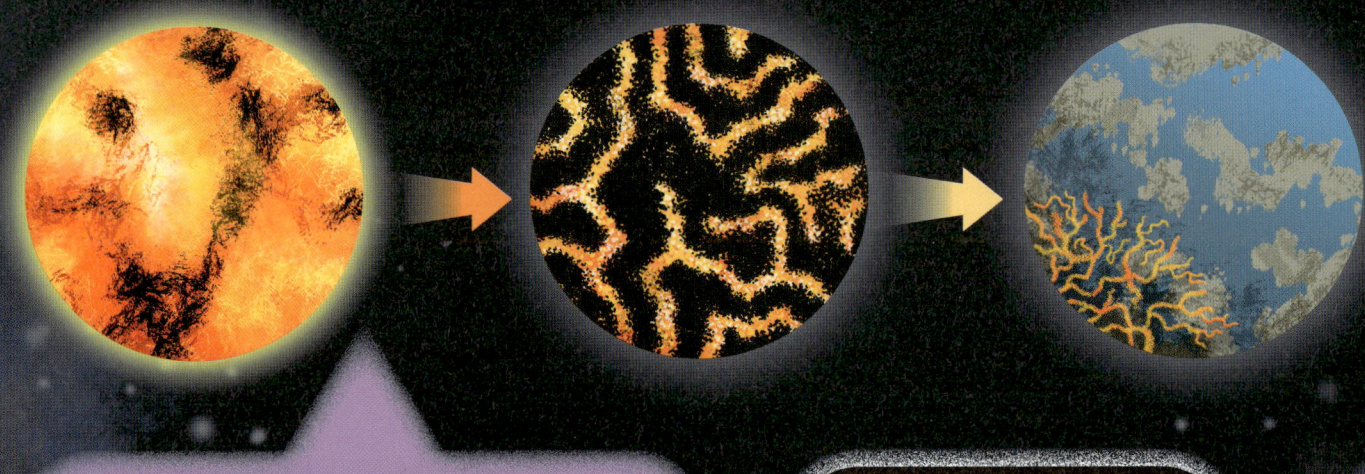

모든 물질이 뒤섞인 암석형 행성

암석형 행성은 암석과 금속을 포함하여 한데 모인 여러 종류의 물질들로 이루어져 있어요. 또한 암석형 행성을 구성하는 물질 덩어리들 가운데 일부는 이미 내부에 물과 기체 등을 붙들고 있거나, 자신들에게 달라붙은 가벼운 물질들을 가지고 있지요. 따라서 암석형 행성은 이런 모든 물질이 함께 합쳐지면서 서로 뒤섞여 있답니다.

먼지 입자들이 합쳐져서 큰 덩어리를 형성하고, 큰 덩어리들이 합쳐져서 '원시 행성'이나 '미행성체'라고 하는 소행성을 만들어 이러한 소행성이 결국 아기 행성을 형성하게 되는데, 중력은 모든 물질을 중심부 쪽으로 끌어당기면서 특히 중심부에 형성된 아기 행성을 뜨겁게 만들어요. 이때 중심부에 형성된 아기 행성은 그야말로 암석과 금속조차도 녹일 수 있을 정도로 매우 뜨거워지지요. 일반적으로 아기 행성이 암석과 금속조차도 녹일 수 있을 정도로 매우 뜨거워지는 동안에, 중력은 좀 더 가벼운 암석과 물과 기체보다 행성 내부에 존재하는 무거운 중금속들을 중심부 쪽으로 훨씬 더 강하게 끌어당겨요. 행성 내부에 존재하는 무거운 중금속들은 모두 오랜 기간에 걸쳐 중심부 쪽으로 가라앉으면서 결국 중금속으로 이뤄진 중심핵을 형성하지요. 또한 너무 뜨거워서 녹은 암석은 무거운 중금속으로 이뤄진 중심핵 주변으로 두꺼운 표면층을 이루며 지각을 형성한답니다. 이러한 과정은 태양계에 속하는 암석형 행성들 모두에게서 발생할 것이고, 아마도 다른 항성계에 속하는 암석형 행성들에서도 모두 발생할 겁니다.

암석형 행성들

우리 태양계에는 암석형 행성이 수성과 금성, 지구, 화성으로 4개가 속해 있어요.

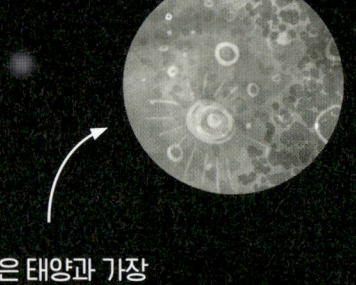

수성은 태양과 가장 가까이에서 태양을 중심으로 공전하는 행성이에요. 또한 무거운 중금속으로 이뤄진 중심핵과 오로지 단단한 암석으로만 이뤄진 표면층이 존재하지요. 게다가 밤에는 매우 춥고, 낮에는 매우 덥답니다.

강렬하게 충격을 받는 행성의 표면층

수백만 년 동안, 다른 크고 작은 암석 덩어리와 얼음 덩어리들은 우주 공간을 끊임없이 빠른 속도로 돌아다니면서 새로 형성된 행성들과 충돌해요. 비록 녹은 암석들로 이뤄진 행성의 표면층이 차갑게 식어서 단단하게 굳어 있는 상태이지만, 표면층의 모든 부분이 각각 다른 크고 작은 암석 덩어리와 얼음 덩어리들과 충돌하여 강한 충격을 받으면, 새롭게 표면층을 형성하고 있는 암석은 결국 부서지고 다시 녹게 되지요. 녹은 암석들로 이뤄진 행성의 표면층이 다른 크고 작은 암석 덩어리와 얼음 덩어리들과 충돌하여 충격을 받을 때, 좀 더 작은 충격을 받으면 행성의 표면층 가운데 일부분만 녹을 수 있지만, 아주 강한 충격을 받으면 행성의 표면층 전체가 다시 녹을 수 있답니다.

우리는 어떻게 알 수 있을까요?

달과 화성과 수성에는 모두 분화구가 존재해요. 달과 화성과 수성에 존재하는 분화구들은 오래전에 우주 공간을 떠다니는 운석과 소행성이 달과 화성과 수성의 표면층에 충돌하여 형성된 흔적이지요. 지구도 이와 마찬가지로 오래전에 우주 공간을 떠다니는 운석과 소행성이 지구 표면층에 충돌하여 분화구가 형성되었어요. 하지만 지구의 표면층은 물과 바람에 의해 풍화 작용으로 깎여서, 지구의 표면층에 형성된 분화구들의 형체는 대부분 닳아서 없어졌답니다.

금성은 태양계에서 가장 뜨거운 암석형 행성이에요. 금성이 행성 가운데 가장 뜨거운 이유는 바로 열을 밖으로 빠져나가지지 못하게 계속 가두어 두는 두꺼운 이산화탄소 대기층이 존재하기 때문이지요.

지구는 태양계에서 유일하게 액체 상태인 물이 표면층의 대부분을 뒤덮고 있는 행성이에요. 또한 태양계에서 유일하게 생명체가 존재하는 곳으로 알려진 행성이지요.

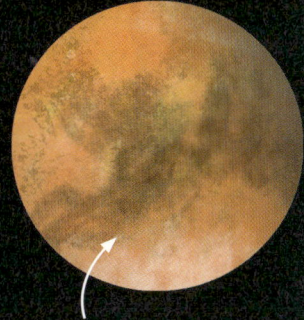

화성은 지구보다 훨씬 더 줍고, 표면층에 차갑게 꽁꽁 얼어 있는 얼음이 존재해요. 또한 화성의 표면층에는 과거에 흐르는 물이 존재했던 흔적이 남아 있는데, 우리는 이 흔적을 관측할 수 있지요.

대기와 물

암석형 행성은 완전히 암석으로만 이루어져 있지 않아요. 표면층이나 지하에는 물이나 또 다른 액체가 존재할 가능성이 있어요. 또한 눈이나 얼음(액체들이 얼어서 굳어진 물질)도 존재할 수 있지요. 게다가 기체들이 행성 표면을 둘러싸고 있는 대기층도 존재할 수 있답니다.

☆정말 믿을 수 있나요?☆

행성이 트림해요

행성은 '탈기체(기체 방출)' 현상으로 행성 내부에서 기체를 방출하여 새로운 대기층을 형성할 수 있어요. 기체는 매우 뜨거운 용융 암석을 통해 방출되거나, 화산이 폭발하는 동안 방출되지요. 이렇게 행성의 내부에서 방출된 기체들은 행성을 만들어내는 커다란 입자 덩어리들과 상당히 많이 섞여 있었어요. 지구와 금성은 모두 이런 방식으로 형성된 두꺼운 대기층을 가지고 있답니다.

행성이 맨 처음 획득한 기체

행성들은 자신들이 형성한 원시 행성계 원반에서 맨 처음으로 수소와 헬륨을 획득해요. 하지만 원시 행성계 원반에서 획득한 수소와 헬륨을 오랫동안 붙잡고 있지 못해요. 수소와 헬륨은 매우 가벼운 기체이지요. 행성들은 주로 수소와 헬륨으로 이루어져 있고, 항성도 행성들과 마찬가지로 주로 수소와 헬륨으로 이루어져 있어요. 그런데 수소와 헬륨은 매우 가벼운 기체이기 때문에, 행성의 중력은 수소와 헬륨을 행성에 꽉 붙잡아 두기가 힘들어요. 그래서 수소와 헬륨은 우주 공간으로 쉽사리 날아갈 수 있지요. 또한 항성이 왕성하게 활동하게 되면, 항성에서 쏟아져 나오는 태양풍은 매우 가벼운 기체인 수소와 헬륨을 우주 공간으로 날려버린답니다.

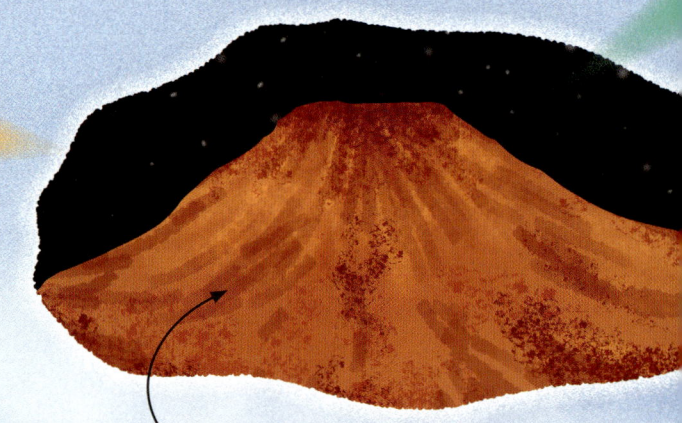

금성에서는 화산이 폭발하는 동안 이산화탄소와 황산으로 가득 찬 독성 대기가 분출했어요.

지구에서는 화산이 폭발할 때 행성 내부에서 가스와 물이 솟구쳐서 뿜어져 나오지요.

일기 예보

대기층이 형성된 행성에서는 날씨를 관측할 수 있어요. 이를테면 금성의 날씨는 상당히 좋지 않아요! 바람은 극도로 세게 부는 초강풍으로 금성을 빙 둘러 칭칭 휘감고 있고, 구름은 매우 강한 산성 물질로 구성되어 있어요. 또한 바람은 속도가 360km/h로 시간당 360km를 이동해요. 이때 금성에서 부는 바람의 속도인 360km/h는 금성의 자전 속도보다 60배 정도나 훨씬 더 빠른 속도랍니다. 한편 지구에서 부는 바람의 속도는 지구 자전 속도의 겨우 10분의 1이나 15분의 1 정도밖에 되지 않는답니다.

지구에서는 물이 액체 상태로도 존재하고, 고체 상태(얼음)와 기체 상태(수증기)로도 존재해요. 하지만 물이 기체 상태인 수증기로 되었을 때는 물을 관측할 수 없지만, 공기 중에 수증기가 액체 상태인 물로 응결되어 구름을 형성할 때는 물을 관측할 수 있답니다.

수영할래요? 아니면 눈싸움할래요?

행성을 형성하는 암석 덩어리들은 또한 물과 서로 혼합된 상태에서 물을 운반해요. 행성 내부에 존재하는 물은 표면층에 이르러 화산이 폭발할 때 기체 상태인 수증기로 분출하여 우주 공간으로 빠져나가지요. 그런 다음 화산이 폭발할 때 분출하여 우주 공간으로 빠져나간 수증기는 응결(기체 상태인 수증기가 액체 상태인 물로 변하는 현상)되어 행성의 표면층에 물(비)이나 얼음(눈)으로 떨어질 수 있답니다.

지구에는 액체 상태인 물이 존재하고, 극지방(남극과 북극)과 높은 산지에는 넓게 퍼져 있는 거대한 얼음층도 존재해요. 하지만 달과 화성에는 물이 오로지 얼음 상태로만 존재하지요. 대기가 없으면 따뜻함을 유지할 수가 없는데, 달과 화성은 대기가 없으므로 너무 추워서 얼음이 물로 녹을 수 없어요. 또한 암석형 행성들은 지하나 지하 호수나 바다에서도 물이 꽁꽁 얼 수 있답니다.

화성에서는 아마도 코롤레브 분화구가 수백만 년 동안 얼음으로 가득 차 있었을 거예요.

기체형 행성과 얼음형 행성

모든 행성이 우리가 서서 지탱할 수 있을 만큼 단단한 표면층으로 구성되어 있지는 않아요. 기체형 행성과 얼음형 행성들은 기체와 질척질척한 얼음으로 이루어져 있고, 중력에 의해 거대한 구형을 형성하고 있으며, 오로지 행성 중심부에만 아주 작고 단단한 중심핵으로 구성되어 있지요.

몹시 추운 이웃 행성들

우리 태양계에는 암석형 행성 뒤편에서 태양을 중심으로 우주 공간을 빙글빙글 공전하는 거대한 기체형 행성과 얼음형 행성이 존재해요. 기체형 행성과 얼음형 행성에는 목성과 토성, 천왕성, 해왕성이 속한답니다.

토성

거대한 기체형 행성

목성

기체형 행성과 얼음형 행성의 탄생

빛을 내는 항성에서 멀리 떨어져 있을수록 액체, 심지어 기체조차도 얼음 알갱이로 꽁꽁 얼어버려요. 기체형 행성은 암석형 행성과 같은 방식으로 중심부에서 암석과 얼음 알갱이들이 서로 결합하여 중심핵을 형성하지요. 또한 중심핵 주변으로 기체가 모여들어 중심핵을 둘러싼 두꺼운 기체층을 형성한답니다.

얼음형 행성은 빛을 내는 항성에서 훨씬 더 멀리 떨어져서 형성되며, 암석 입자와 먼지 입자보다 얼음 입자로 더 많이 구성되어 있어요. 얼음형 행성은 중심부에 아주 작은 중심핵을 형성하고, 그 다음 중심핵 주변으로 기체가 모여들어 중심핵을 둘러싼 얇은 기체층을 형성하며, 얇은 기체층 바로 아래에 질척질척한 두꺼운 얼음층을 형성하지요. 하지만 가장 가벼운 기체인 수소와 헬륨은 심지어 빛을 내는 항성에서 이렇게 아주 멀리 떨어져 있는데도 꽁꽁 얼지 않는답니다.

천왕성은 매우 희미한 고리 체계를 구성하고 있어요. 하지만 고리가 마치 천왕성을 맨 위 북극에서 맨 아래 남극으로 빙 둘러싸는 모습처럼 보이지요. 그런데 사실은 그렇지 않아요. 천왕성은 역사적으로 아주 오래전에 완전히 옆으로 기울어져 있어서, 천왕성의 북극과 남극은 현재 양쪽 측면에 위치해 있답니다!

해왕성

거대한 얼음형 행성

천왕성

토성은 아름다운 고리를 가진 행성이에요. 토성의 고리는 토성을 중심으로 빙글빙글 회전하고 있고, 수백만 개의 작은 얼음 입자 덩어리와 암석 입자 덩어리와 먼지 입자 덩어리들로 구성되어 있지요.

뜨거운 얼음!

기체형 행성과 얼음형 행성에 존재하는 얼음은 우리가 흔히 냉동실에서 꽁꽁 얼리는 얼음과 같이 차갑지 않아요! 다시 말해서 기체형 행성과 얼음형 행성에 존재하는 얼음은 뜨겁고, 질척질척한 고체 상태이지요. 얼음 입자들이 좁은 공간 속에서 서로 너무 가까이 붙어 있어서 액체 상태나 기체 상태에서처럼 자유롭고 활발하게 이동할 수 없기 때문이랍니다.

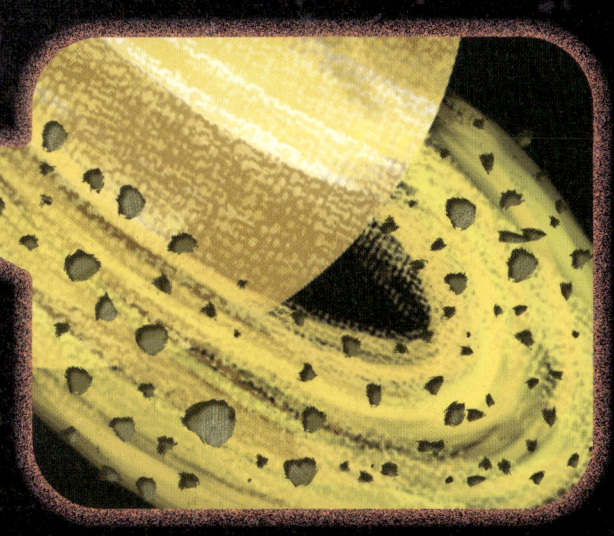

심술궂은 날씨

거대한 기체형 행성들은 사납고 강렬하게 소용돌이치는 폭풍이 상층부에 존재한 대기층을 몹시 괴롭히고 있어요. 어떤 폭풍우들은 수백 년 동안 지속되기도 해요. 목성에 존재하는 '거대한 붉은 반점'은 200년 이상 동안 아주 격렬하고 광대하게 소용돌이치고 있는 폭풍이에요. 아주 격렬하게 소용돌이치는 이 폭풍은 크기가 지구의 크기보다 거의 1.5배 정도 더 크고, 속도가 432km/h 정도 된답니다.

표면층이 없어요

기체형 행성에 존재하는 기체는 행성 중심부를 향해 점점 더 두꺼워지면서 바로 그 순간 처음에 액체 상태로 형성되다가 마침내 질척질척한 두꺼운 얼음으로 형성되지요. 기체형 행성의 중심핵은 크기가 지구보다 훨씬 더 크지만, 기체형 행성의 전체 크기에 비해서는 여전히 아주 작은 크기에요. 만약에 우리가 거대한 기체형 행성으로 여행을 간다면, 기체형 행성에 존재하는 기체가 너무 빽빽하게 밀집되어 있어서 결국 우리는 더 이상 기체형 행성에서 여행을 즐길 수 없을 겁니다.

위성의 탄생

많은 행성은 위성을 갖고 있어요. 우리 태양계에 존재하는 암석형 행성들은 위성을 적게 갖고 있지만, 거대한 기체형 행성들은 위성을 많이 갖고 있지요. 또한 행성들이 갖고 있는 위성들은 모양이 저마다 아주 많이 다양하답니다!

위성 전시관

우리 태양계에는 거대한 위성부터 아주 작은 위성까지, 일정한 구형인 위성부터 아주 이상한 모양인 위성까지 수많은 위성이 존재하고 있어요. 수많은 위성 가운데 가장 잘 알려진 위성들을 몇 개 만나 볼까요

자연적으로 존재하는 위성들

위성은 일반적으로 행성 주위를 공전하는 '자연 위성'을 의미해요. 이를테면 특정 행성과 가까운 거리에서 행성의 중력에 의해 행성 주위를 공전하는 천체를 말하며, 우주에 자연적으로 존재하는 위성이지요. 또한 지구는 인공위성을 갖고 있어요. 지구가 갖고 있는 인공위성은 지구 주위를 공전하는 국제우주정거장과 같이 인공적으로 만들어낸 가장 기초적인 우주선으로서, 지구 주위를 공전하도록 우주로 쏘아 올린 인공 장치이지요.

아틀라스 : 가로지름이 30km 정도 되며, 토성 주위를 공전하는 위성이지요.

팬과 아틀라스의 중심부에는 토성의 고리에서 흘러나온 먼지 입자가 달라붙어 있어서 볼록하게 툭 튀어나온 돌출부가 존재해 있어요.

팬 : 가로지름이 28km 정도 되며, 토성 주위를 공전하는 위성이지요.

프로메테우스 : 긴 가로지름이 136km 정도 되며, 토성 주위를 공전하는 위성이지요.

미마스 : 가로지름이 396km 정도 되며, 토성 주위를 공전하는 위성이에요. 또한 미마스는 실제로 가장 작은 위성이며, 소행성과 충돌하여 생긴 거대한 분화구를 가지고 있지요.

소행성을 끌어당겨 위성으로 붙잡아요

어떤 행성들은 자기 주변을 지나가는 소행성을 끌어당겨서 위성으로 붙잡고 있어요. 만약 소행성이 행성과 아주 가까운 거리에서 지나가면, 행성의 중력이 행성 가까이에서 지나가는 소행성을 공전 궤도면으로 끌어당길 수 있어요. 그러면 소행성은 행성 주위를 공전하는 위성이 된답니다.

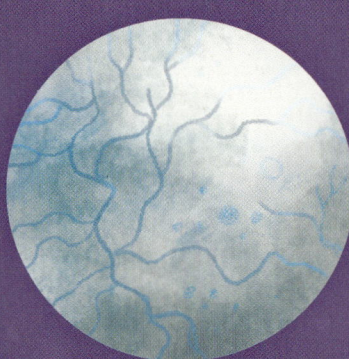

엔셀라두스 : 가로지름이 500km 정도 되며, 토성 주위를 공전하는 위성이에요. 또한 엔셀라두스는 전체가 완전히 얼음으로 덮여있지만, 얼음 화산을 통해 표면과 대양에서 물이 솟구쳐서 뿜어져 나오지요.

포이베 : 가로지름이 213km 정도 되며, 토성 주위를 공전하는 위성이에요. 또한 포이베는 매우 짙게 어두운 분화구를 많이 가지고 있지요. 포이베는 아마도 토성에 붙잡힌 혜성일 겁니다.

행성이 직접 위성을 만들어요

어떤 행성들은 탄생하면서부터 곧바로 위성을 만들어요. 위성은 행성이 탄생하는 과정과 마찬가지로 암석 입자와 먼지 입자와 기체 입자들이 서로 결합하면서 점점 더 크게 성장하지요. 또한 어떤 위성들은 무언가가 행성과 충돌하는 순간 충돌로 인해 거대한 행성에서 떨어져 나온 암석 조각으로 구성되어 만들어지기도 한답니다.

히페리온 : 긴 가로지름이 410km 정도 되며, 토성 주위를 공전하는 위성이에요. 또한 히페리온은 물보다 더 가볍고, 위성들이 충돌하는 순간 이때 바로 떨어져 나온 암석 조각일 수도 있어요.

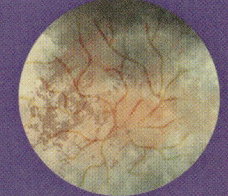

유로파 : 가로지름이 3,100km 정도 되며, 목성 주위를 공전하는 위성이에요. 또한 유로파는 얼음 껍데기가 표면을 둘러싸고 있는데, 이 얼음 껍데기는 두께가 15~25km 정도 되며, 깊이가 60~150km에 달하는 거대한 해양 위에 떠 있지요.

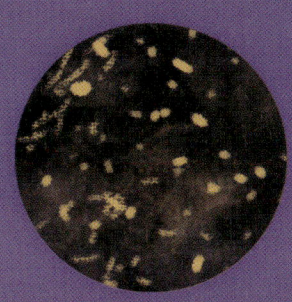

칼리스토 : 가로지름이 4,820km 정도 되며, 목성 주위를 공전하는 위성이에요. 또한 칼리스토는 표면에 태양계에서 가장 오래되고 가장 빽빽하게 많은 분화구를 가지고 있지요.

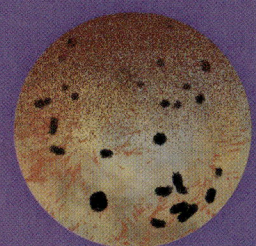

이오 : 가로지름이 3,643km 정도 되며, 목성 주위를 공전하는 위성이에요. 또한 이오는 태양계에서 화산 활동이 가장 활발한 위성이지요. 게다가 이오의 단단한 지면은 목성으로부터 해수면의 높이 차이를 일으키는 힘인 기조력을 엄청나게 받게 됩니다.

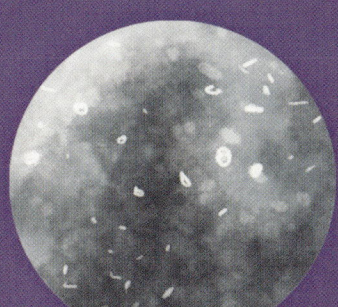

가니메데 : 가로지름이 5,268km 정도 되며, 목성 주위를 공전하는 위성이에요. 또한 가니메데는 태양계 위성들 가운데 가장 큰 위성으로서, 크기가 행성인 수성보다 더 크답니다.

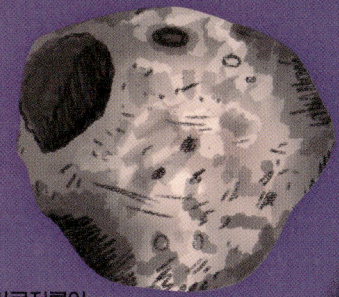

테베 : 가로지름이 116km 정도 되며, 목성 주위를 공전하는 위성이에요. 또한 테베는 주로 물이 얼어서 생긴 얼음으로 구성되어 있고, 한쪽 끝부분에 거대한 분화구를 가지고 있지요.

아말테아 : 긴 가로지름이 250km 정도 되며, 목성 주위를 공전하는 위성이에요. 또한 아말테아는 아마도 얼음과 암석으로 구성되어 있을 거예요.

공전도 하고 자전도 해요

위성은 행성 주위를 공전할 뿐만 아니라 자전축을 중심으로 자전도 해요. 위성이 공전 운동과 자전 운동을 할 때, 위성의 중력은 위성의 모든 부분을 위성의 중심부 쪽으로 끌어당겨요. 그러면서 위성을 구형으로 만드는 경향이 있지요. 하지만 위성의 질량이 클수록 위성의 중력이 크게 작용하여 위성을 더더욱 구형으로 만들 수 있는데, 모든 위성이 다 구형이 될 정도로 충분한 질량을 갖고 있지는 않답니다.

우주 공간에 남겨진 덩어리들

우리 태양계에 존재하는 행성들이 탄생하는 과정에서 암석 덩어리들과 얼음 덩어리들이 우주 공간에 아주 많이 남겨졌어요. 수백 개의 원시 행성들이 태양 주위를 공전하면서 원시 행성들끼리 서로 충돌하고 부서지며 다시 합쳐지기도 했지요. 결국에는 우주 공간에 행성 8개가 남겨졌고, 암석 덩어리들과 얼음 덩어리들도 엄청나게 많이 남겨졌어요. 엄청나게 많이 남겨진 암석 덩어리들과 얼음 덩어리들 가운데 어떤 덩어리들은 위성이 되었고, 또 다른 덩어리들은 태양 주위를 공전하는 공전 궤도 안에 그냥 덩어리 상태 그대로 남겨져 있었답니다.

행성으로 탄생하지 못했던 왜소행성들

어떤 커다란 암석 덩어리들은 행성으로 완벽하게 탄생할 정도로 충분히 크지 않지만, 그래도 '왜소행성(왜행성)'이라고 불려요. 왜소행성들은 모양이 거의 구형에 가깝고, 어떤 왜소행성은 위성을 가지고 있기도 해요. 하지만 만약에 왜소행성들이 태양 주위를 공전할 때 공전 궤도에서 암석 덩어리와 먼지 덩어리들을 모두 모으지 못하거나, 왜소행성들이 태양 주위를 공전할 때 공전 궤도가 원형이 아니라면, 왜소행성들은 온전히 행성으로 간주되지 않아요. 왜소행성들 가운데 가장 유명한 왜소행성은 바로 명왕성이에요. 명왕성은 여러 규칙이 바뀐 2006년까지 행성으로 간주되었답니다.

명왕성

명왕성의 크기와 지구의 크기를 비교해 보세요.

소행성(아이다)는 공전 운동과 자전 운동을 하며, 위성(닥틸)을 갖고 있어요.

모두 함께 모여 있는 소행성들

많은 암석 덩어리들이 화성의 공전 궤도와 목성의 공전 궤도 사이에서 다 같이 모여 모두 함께 태양 주위를 공전하고 있는데, 화성의 공전 궤도와 목성의 공전 궤도 사이에서 태양 주위를 공전하는 암석 덩어리들이 함께 모여 있는 이곳을 소행성대라고 해요. 소행성대에는 크기가 아주 작은 먼지 입자들부터 가로지름이 946km 정도로 크기가 가장 큰 세레스까지 다양하게 분포해 있어요. 또한 이처럼 소행성대에 존재한 암석 덩어리들을 소행성이라고 부르지요. 소행성들은 행성으로 탄생하지 못한 암석 조각들이거나, 태양 주위를 공전하면서 서로 충돌하여 부서진 원시 행성들의 잔해랍니다.

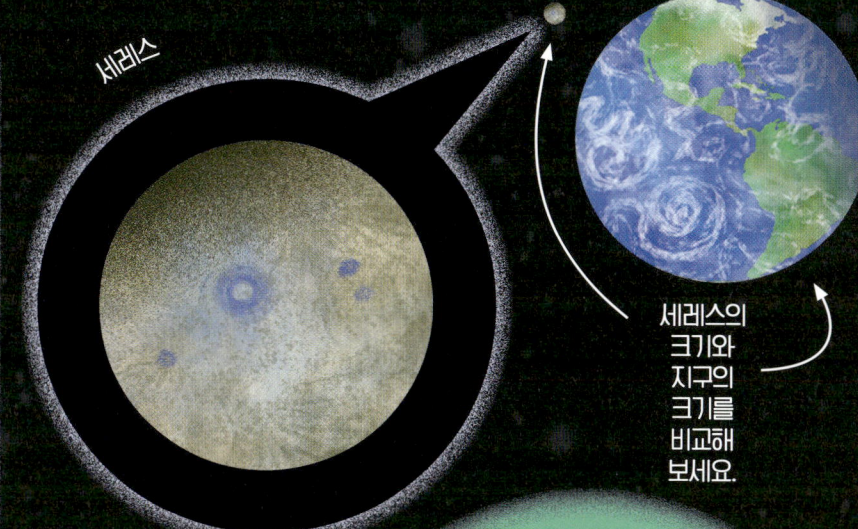

세레스

세레스의 크기와 지구의 크기를 비교해 보세요.

충돌을 피할 수 없는 소행성

6천 6백만 년 전에 거대한 소행성이 멕시코의 유카탄반도에 충돌했어요. 거대한 소행성과 지구가 충돌한 당시에는 새들을 제외하고 모든 공룡류를 포함하여 지구에서 살고 있는 모든 동물과 식물의 거의 4분의 3 정도가 생명을 잃었지요. 마지막으로 살아남은 새들은 바로 공룡의 후손이랍니다.

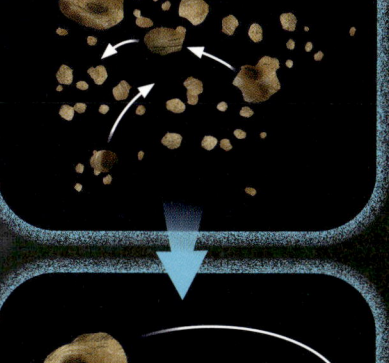

소행성이 구성하는 성분

소행성들은 46억 년 동안 거의 변함없이 태양계가 구성한 성분을 포함하고 있어요. 소행성대에는 소행성들 대부분이 존재하고 있지만, 가끔 어쩔 수 없이 소행성대에서 현저히 벗어나서 우주 공간을 거침없이 돌진하는 소행성도 존재해요. 소행성대에서 벗어난 소행성들이 지구에 떨어지면, 이때 지구에 떨어진 소행성을 운석이라고 부르지요. 지구에 떨어진 운석은 태양계 생성 초기에 만들어지고 나서 구성 성분이 46억 년 동안 거의 변화되지 않았으므로, 과학자들이 지구에 떨어진 운석을 자세히 파악하여 운석이 구성하는 성분을 제대로 알아내면서 태양계 형성 당시에 태양계가 구성했던 성분을 연구할 수 있답니다.

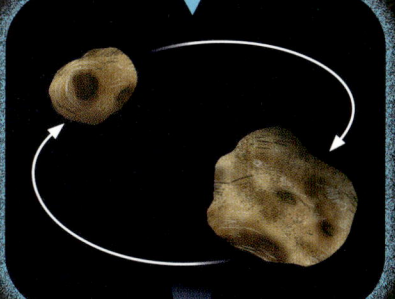

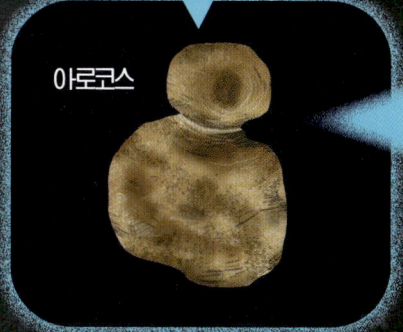

아로코스

태양에서 가장 멀리 떨어져 있는 소행성

모든 소행성이 소행성대에서 태양 주위를 공전하고 있지는 않아요. 어떤 소행성들은 태양에서 아주 멀리 떨어져서 태양 주위를 공전하고 있어요. 이를테면 명왕성은 소행성대에서 태양 주위를 공전하지 않고, 태양계에서 해왕성의 공전 궤도보다 바깥쪽에 있는 카이퍼대에서 해왕성보다 태양에서 훨씬 더 멀리 떨어져 태양 주위를 공전하고 있지요. 또한 해왕성의 공전 궤도보다 바깥쪽에서 태양 주위를 공전하는 명왕성을 비롯하여 해왕성의 공전 궤도 너머에 있는 소행성들이 함께 모여 있는 이곳을 카이퍼대라고 해요. 우주선이 촬영한 천체로서 카이퍼대에 존재하는 소행성들 가운데 태양에서 가장 멀리 떨어져 있는 소행성은 아로코스랍니다. 아로코스는 긴 가로지름이 22km 정도 되며, 소행성 2개가 서로 결합하여 하나로 뭉쳐 있어요. 게다가 아로코스는 지구가 태양에서 멀리 떨어져 있는 거리보다 40배 이상으로 태양에서 훨씬 더 멀리 떨어져 있답니다.

혜성과 소행성

소행성은 암석형 행성이 되지 못한 암석 덩어리를 말하지만, 혜성은 얼음형 행성이 되지 못한 얼음 천체를 말해요. 또한 혜성은 얼음과 먼지와 암석으로 구성되어 있고, 소행성은 얼음과 암석으로 구성되어 있어요. 우리는 흔히 혜성과 소행성이 서로 다른 천체라고 생각하지만, 실제로는 혜성과 소행성이 모두 얼음과 암석으로 완전히 혼합되어 있기 때문에 혜성과 소행성을 구별하는 경계선이 명확하게 존재하지 않아요.

혜성의 중심핵

지저분한 눈덩이

혜성은 주로 얼음으로 구성되어 있지만 얼음 덩어리 속에 먼지와 암석이 혼합되어 있어서 '지저분한 눈덩이'와 같아요. 또한 혜성을 구성하고 있는 얼음은 모두 물이 얼어서 생긴 얼음으로 이루어져 있을 뿐만 아니라, 태양에 가까워졌을 때 기체 상태로 되는 물질을 포함하여 우주 공간에서 태양에 멀리 떨어졌을 때 단단한 고체 상태로 꽁꽁 얼 수 있는 또 다른 물질들로도 이루어져 있지요. 그래서 우리는 태양에 가까이 접근해 오는 혜성을 자세히 살펴보면, 혜성이 태양에 가까워질수록 태양과 반대 방향으로 반짝반짝 빛나면서 더욱더 길어지는 혜성의 꼬리를 관측할 수 있답니다.

태양에서 훨씬 더 멀리 떨어져 있는 혜성

혜성들은 해왕성의 공전 궤도보다 바깥쪽으로 태양에서 훨씬 더 멀리 떨어져 있는 차가운 카이퍼대에서 대부분의 시간을 보내거나, 심지어 카이퍼대보다 더 바깥쪽에 있는 오르트 성운지대라는 곳에서도 시간을 보내지요. 오르트 성운지대는 얼음 덩어리들이 태양계 가장 바깥쪽에서 태양계를 둥글게 둘러싸며 둥근 띠 모양으로 결집하여 있는 거대한 집합소예요. 또한 오르트 성운지대는 상상할 수 없을 정도로 어마어마하게 거대한데, 그야말로 지구가 태양에서 멀리 떨어져 있는 거리보다 무려 2,000배 더 멀리 떨어져 있는 지점에서 출발하여 지구가 태양에서 멀리 떨어져 있는 거리보다 무려 200,000배 더 상당히 멀리 떨어져 있는 지점에서 끝나는 정도예요. 이처럼 어마어마하게 거대한 오르트 성운지대는 수조 개의 혜성들이 모여 시간을 보내는 공간이랍니다.

혜성들은 태양을 중심으로 공전하여 다시 돌아오는 과정을 몇 번이고 되풀이하는데, 태양을 중심으로 공전하여 다시 돌아올 때마다 조금씩 크기가 줄어들어요. 어떤 혜성들은 태양을 중심으로 공전하여 다시 돌아오는 과정을 꽤 자주 되풀이하지만, 또 어떤 혜성들은 수천 년이나 심지어 수백만 년 동안 공전 궤도에서 계속 공전하고 있어요. 또한 카이퍼대에서 형성된 혜성들은 태양을 중심으로 공전하여 200년도 채 안 되어 다시 돌아오지요. 게다가 오르트 성운지대에서 형성된 혜성들은 태양을 중심으로 공전하여 좀처럼 다시 돌아오지 않을 정도로 아주 드물게 다시 돌아온답니다.

혜성의 중심핵
혜성의 코마
혜성의 꼬리

태양 주위로 여행을 떠나는 혜성

둥그스름한 작은 얼음 덩어리는 태양 주위로 여행을 떠날 때만 그제야 비로소 완전하게 혜성이 되지요. 혜성은 카이퍼대나 오르트 성운지대를 떠나 태양을 향해 가서 태양 주위를 거대한 고리 모양으로 공전한 다음에 처음 출발했던 시작점으로 다시 돌아올 거예요. 또한 혜성은 태양 주위를 공전하면서 태양과 가까워질수록, 태양열에 의해 얼음의 일부가 녹으면서 혜성 주위에 성운 모양으로 얼룩처럼 흐릿한 구성 물질(코마)이 형성된답니다. 게다가 혜성은 태양에 가까워질수록 얼음의 일부가 녹으면서 얼음 속에 갇혀 있던 먼지가 자유로워지고, 가스와 먼지로 구성된 꼬리가 태양과 거의 반대 방향으로 더욱더 길어지게 되지요. 혜성의 중심핵은 가로지름이 겨우 몇 km일 정도로 크기가 아주 작지만, 가스와 먼지로 구성된 혜성의 꼬리는 태양과 반대 방향으로 무려 1억km에 달할 정도로 끝없이 아주 길게 우주 공간으로 휘날릴 수 있답니다.

★유명한 주요 인물탐구★
에드먼드 핼리

영국의 천문학자 에드먼드 핼리는 혜성이 태양 주위를 공전하고 나서 주기적으로 다시 돌아온다는 사실을 알아냈어요. 또한 에드먼드 핼리는 1456년과 1531년, 1607년, 1682년에 똑같은 혜성을 관측했고, 이 혜성이 태양 주위를 공전하고 나서 1758년에도 다시 돌아온다는 사실을 파악했지요. 이 혜성은 현재 '핼리 혜성'이라는 이름으로 가장 많이 알려져 있답니다.

인류가 살고 있는 보석 같은 푸른별 행성

지구는 우주에 존재하고 있는 수조 개의 행성들 가운데 하나밖에 없는 행성이지만, 우리가 직접 살고 있는 행성이자, 우리의 고향 같은 곳이에요. 또한 지구는 우리가 잘 알고 있는 행성들 가운데 유일하게 생명체가 존재하는 행성이지요. 게다가 지구는 우리가 잘 알고 있는 행성들 가운데 가장 잘 이해하고 가장 쉽게 탐구할 수 있는 행성이랍니다. 지구를 주의 깊게 살펴볼수록, 우리는 우리 지구가 어떻게 탄생하였는지, 또한 우리 지구가 어떻게 움직이고 활동하는지를 훨씬 더 자세히 학습할 수 있을 뿐만 아니라, 우리 지구 이외에 또 다른 행성들도 어떻게 탄생하였는지, 또한 다른 행성들도 어떻게 움직이고 활동할지도 훨씬 더 제대로 파악할 수 있어요. 태양이 아닌 다른 항성을 중심으로 공전하는 어떤 행성들은 우리 태양계에 속하는 행성들과 매우 유사할 수도 있지만, 우리가 전혀 알지 못하는 행성들 가운데 또 어떤 행성들은 우리 태양계에 속하는 행성들과 매우 다를 수도 있답니다.

바삭바삭하고 단단한 표면층

지구를 구성하는 암석 덩어리들이 서로 함께 뭉쳐져 하나로 합쳐질수록, 암석 덩어리들은 점점 더 뜨거워졌어요. 중력은 지구를 구성하는 암석 덩어리들이 점점 더 뜨거워져서 마침내 지구가 액체 상태로 녹을 때까지, 암석 덩어리들이 서로 함께 뭉쳐지고 하나로 합쳐져 아주 뜨거워지도록 암석 덩어리들을 모두 함께 작은 공간으로 몰아넣어 으스러뜨렸지요. 그래서 결국 매우 뜨거워져서 녹으며 섞인 암석 덩어리들이 거대한 공 모양을 형성하여 우주 공간에서 빙글빙글 돌고 있었답니다.

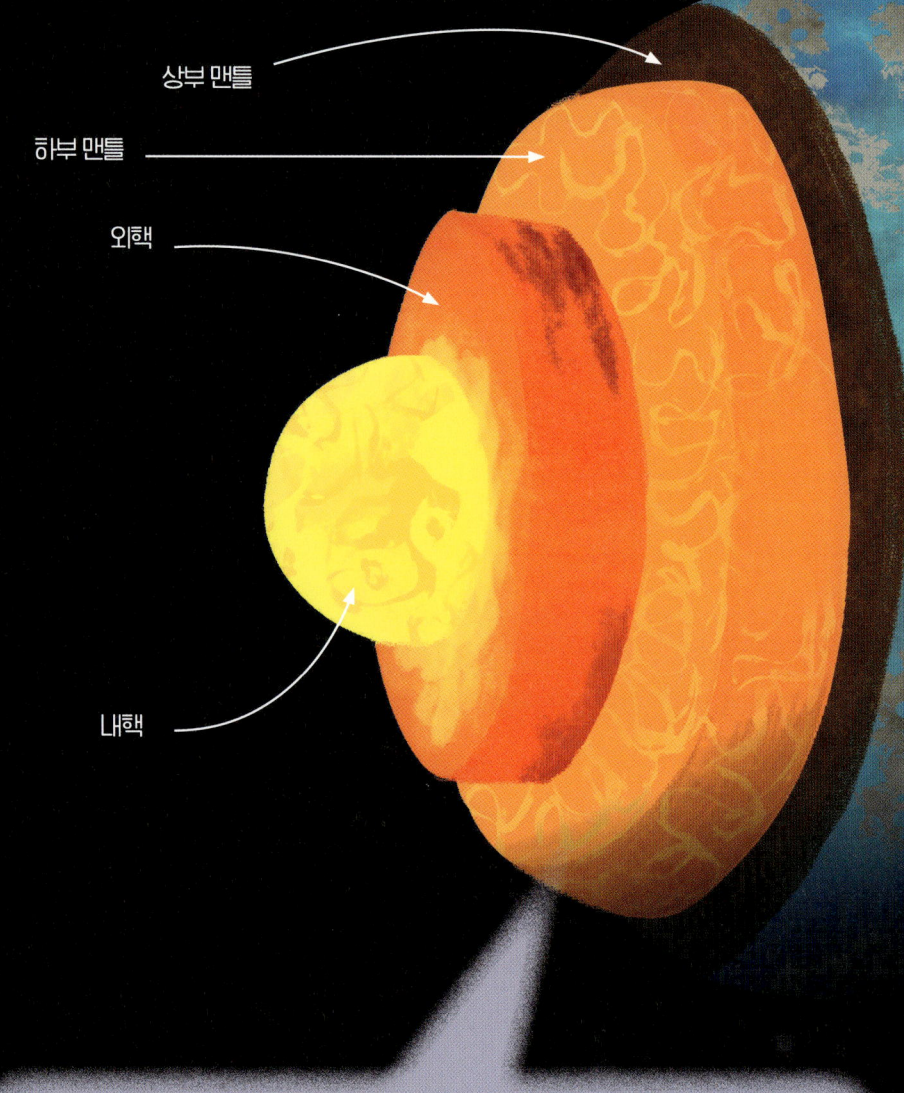

모두 구분된 지구

지구가 녹으면서 가장 무거운 금속은 중심부로 서서히 가라앉을 수 있었어요. 그러면서 결국 가장 무거운 금속으로 이루어진 중심핵이 탄생하게 되었지요. 하지만 뜨거운 암석은 가장 무거운 금속보다 더 가벼워서 중심부 쪽으로 강하게 끌려가지 못했어요. 이때 매우 뜨거워져서 녹은 암석(맨틀)은 가장 무거운 금속으로 이루어져 탄생한 중심핵을 두껍게 감싸서 둘러싸고 있었답니다.

몹시 추운 우주 공간에서는 매우 뜨거워져서 녹은 암석의 표면이 단단하게 굳어지기 시작해서 마침내 바삭바삭하고 단단한 층을 형성했어요. 심지어 매우 뜨거워져서 녹은 암석의 표면이 단단하게 굳어지기 시작했는데도, 이때 금속은 여전히 녹아 있는 상태이므로 갈라진 틈을 타고 중심부까지 아주 서서히 이동할 수 있었지요.

지구가 차갑게 식으면서 좀 더 가벼운 암석은 맨틀의 꼭대기까지 이동하여 단단하게 굳어졌지만, 좀 더 무거운 암석은 맨틀의 꼭대기로 이동하지 않고 아래로 가라앉아서 녹아 있는 상태를 유지했어요. 좀 더 가벼운 암석들 가운데 일부는 다시 아래로 끌려 내려와서 또다시 녹았지요. 하지만 점차 시간이 지나면서 지구에는 바삭바삭하고 단단한 암석들로 구성되어 있는 지각이 형성되었답니다.

겹겹이 쌓인 지구 내부의 구조

지구는 차갑게 식으면서 주요한 세 개의 층이 형성되었는데, 이때 형성된 세 개의 층은 지금도 여전히 그대로 존재하고 있어요. 이를테면 주요한 세 개의 층은 가장 무거운 금속으로 이루어진 중심핵, 암석이 뜨거워져서 녹은 물질로서 끈적거리는 젤리 상태인 마그마가 생성되는 맨틀, 바삭바삭하고 단단한 암석들로 구성된 얇은 지각층을 말하지요.

가장 무거운 금속으로 이루어진 중심핵은 부분적으로 고체 상태인 내핵이 존재하고, 부분적으로 액체 상태인 외핵이 존재하며, 바로 지금 이 순간에도 여전히 마찬가지랍니다. 중심핵의 한가운데인 내핵은 태양의 표면 온도만큼이나 뜨겁지만, 원자들이 움직일 수 없을 정도로 아주 빽빽하게 꽉 들어차서 서로 단단히 붙어 있으므로 고체 상태랍니다.

지각

온실 가스로 뒤덮인 금성

이산화탄소는 온실 효과를 일으키는 온실 기체에요. 이때 온실 효과라는 의미는 행성의 표면 근처에서 열을 대부분 흡수하여 행성 표면의 온도를 비교적 높게 유지하는 작용을 뜻하지요. 대기층에 이산화탄소 기체가 너무 많이 존재하면, 행성은 몹시 뜨거워져요. 금성은 대기층에 이산화탄소 기체가 너무 많이 존재하므로, 금성의 표면은 모든 것을 태워 버릴 듯이 매우 뜨거워요. 그래서 금성에는 어떠한 생명체도 살 수가 없었지요. 하지만 7억 년 전까지 금성은 아마도 액체 상태인 물이 존재할 정도로 충분히 서늘해서 심지어 생명체가 어느 정도 존재할 수도 있었을 겁니다.

대기가 나쁨 수준인 날들

지각 위에는 기체들이 짙게 드리워져서 지구의 표면을 완전히 뒤덮고 있어요. 지구의 표면을 둘러싸고 있는 기체를 바로 대기라고 하지요. 지구는 맨 먼저 태양 성운에서 주로 수소 기체와 헬륨 기체를 끌어모아 기체층을 형성했어요. 수소 기체와 헬륨 기체는 가벼워서 일찍이 우주 공간에 흩어져 있었어요. 또한 지구는 맨틀에서 새어 나온 기체들을 끌어모아 새로운 대기층을 형성했어요. 수백만 년에 걸쳐서 기체는 지각과 맨틀을 통해 보글보글 솟아올라 지구의 표면 위로 모여들었답니다. 지구의 표면 위로 모여든 기체들 가운데 하나가 바로 너무 뜨거워져서 기체 상태로 솟구친 물이었어요. 결국 이 물 덕분에 해양이 탄생하였지요. 또한 지구의 표면 위로 모여든 기체들 가운데 나머지 기체 대부분은 지구를 온실처럼 따뜻하게 유지시키는 이산화탄소였답니다.

금성

화산이 폭발하면 행성 내부 깊은 곳에서 기체와 뜨거워져서 녹은 용융 상태의 암석이 솟구쳐 뿜어져 나와요. 조기에 지구에서 폭발한 화산 덕분에 우리 지구에서는 해양과 대기가 형성될 수 있었지요.

혼자서도 잘 지내는 위성

기체형 행성과 얼음형 행성들은 각자 위성을 많이 가지고 있지만, 암석형 행성들은 위성을 적게 가지고 있거나, 아예 가지고 있지 않아요. 이를테면 암석형 행성들 가운데 화성은 위성을 오로지 2개만 가지고 있고, 수성과 금성은 위성을 전혀 가지고 있지 않지요. 또한 지구는 유일하게도 위성을 정확히 1개만 가지고 있는 행성이에요. 위성은 혼자서도 잘 지내지만, 끔찍한 사고를 당해서 우리 행성 곁으로 왔답니다.

직접 위성을 만들어 보세요

우리 지구의 유일한 위성인 달은 지구에서 형성되지 않았어요. 다시 말해서 우리 지구의 위성인 달은 우리 지구와 테이아라는 화성만한 크기의 원시 행성이 서로 격렬하게 충돌하면서 이때 떨어져 나온 잔해로 만들어졌어요. 이런 대재앙적인 충돌은 지구 나이가 겨우 1억 년 정도 되었을 때 발생했지요. 테이아는 지구의 공전 궤도를 가로지르는 공전 궤도에서 지구와 충돌했을 수도 있고, 아니면 지구의 공전 궤도와 우연히 만나서 지구와 충돌했을 수도 있어요. 어쨌든 테이아는 결국 지구와 충돌할 수밖에 없었답니다.

테이아는 우리 지구의 유일한 위성인 달보다 크기가 훨씬 더 컸지만, 지구의 절반 정도 되는 크기였어요. 테이아와 지구가 너무 격렬하게 충돌했을 당시에 테이아와 지구에서는 많은 맨틀 물질이 순식간에 기체 상태로 변해서 우주 공간으로 날아갔을 거예요. 맨틀 물질인 용융 상태의 암석이 기체 상태로 기화하여 형성된 구름은 지구 주위를 회전하면서, 결국 구름 속에 기체 상태로 존재했던 맨틀 물질이 다시 액체 상태로 변하여 용융 상태인 암석으로 응결했지요. 이때 암석 덩어리들은 맨 처음 암석형 행성들을 형성했던 방식과 똑같은 방식으로 서서히 무리를 지어 함께 모여들었을 겁니다.

완전히 파괴된 테이아

테이아는 지구와 격렬하게 충돌하면서 완전히 파괴되었어요. 이때 테이아에서 기체 상태로 기화한 암석 가운데 일부는 지구에서 기체 상태로 기화한 암석 가운데 일부와 서로 섞여서 지구의 유일한 위성인 달을 탄생시켰을 거예요. 또한 테이아에서 기체 상태로 기화한 암석 가운데 또 다른 일부는 용융 상태인 지구의 표면층에 섞였을 거예요. 초창기 지구와 테이아가 충돌하면서 이때 각각 기체 상태로 기화한 암석의 일부가 서로 섞여서 지구의 유일한 위성인 달이 탄생하였으므로, 지구와 지구의 위성인 달은 유사한 물질로 이루어져 있답니다.

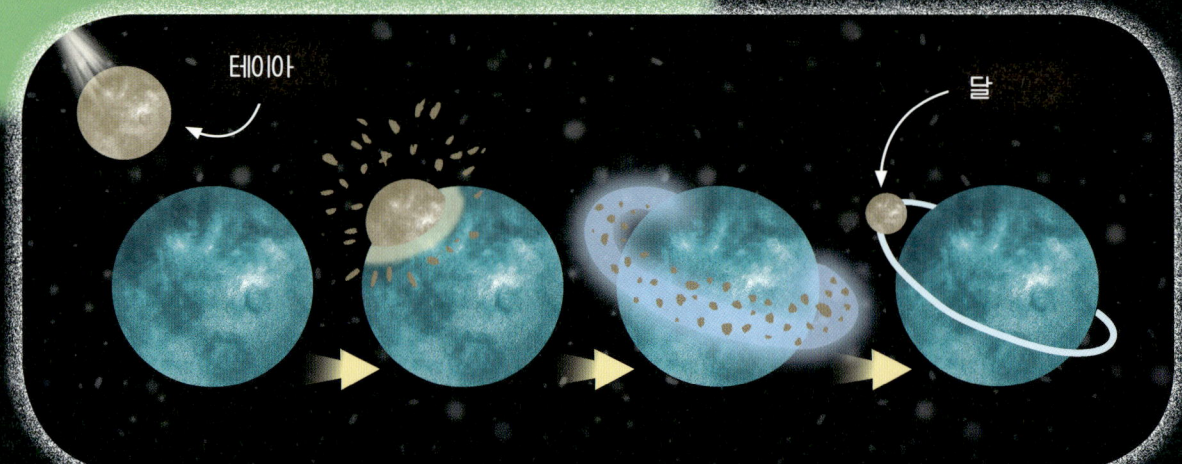

테이아

더 많이 충돌하여 긁힌 자국들

소행성 충돌은 위성을 만드는 충돌로 끝나지 않았어요. 모든 암석형 행성들과 새로 만들어진 위성은 아주 오랜 시간 동안 우주 공간에서 떠돌아다니는 크고 작은 암석들에 폭격을 당했어요. 우리는 우주 공간에서 떠돌아다니는 크고 작은 암석들과 충돌하여 생겨난 분화구들을 지구의 유일한 위성인 달에서 관측할 수 있지요. 또한 '표토'라는 먼지층이 달 표면을 뒤덮고 있는데, 이 '표토'라는 먼지층은 소행성들이 충돌하여 깨지고 산산조각이 나면서 만들어지기도 했고, 달 표면에 존재한 암석이 부서지면서 만들어지기도 했답니다.

지구 주위를 공전하는 새로운 준위성

가끔 지구는 추가적으로 '준위성(유사 위성)'이라는 새로운 친구를 데리고 있어요. 이를테면 지구는 현재 위성인 달도 하나 가지고 있고, 준위성인 2004 GU9, 2006 FV35, 2013 LX28, 2014 OL339, 2016 HO3 등을 가지고 있어요. 지구가 가지고 있는 준위성은 지구 주위를 공전하고 있고, 수백 년 동안 우리 지구와 공전 주기가 거의 비슷하여 공전 궤도를 공유하며 지구에 근접해 있다가 결국 지구의 공전 궤도에서 멀어지지요. 현재 지구와 공전 궤도를 공유하며 지구에 근접해 있는 준위성은 긴 가로지름이 겨우 91~200m에 불과해요.

바다와 암석

지구의 바다는 지구 내부 깊숙한 곳에 자리 잡은 맨틀에서 생겨났어요. 지구를 형성하는 과정에서 서로 함께 모여 합쳐진 암석 덩어리들에 달라붙은 물은 대기층을 구성하는 다른 기체들을 따라 지구의 표면층까지 보글보글 솟아올랐어요. 이 물은 결국 지구 표면의 대부분을 뒤덮고 있는 바다를 형성하게 되었지요. 그래서 지구는 물과 암석으로 이루어진 세계가 되었답니다.

지구 내부 깊은 곳에서 흘러나온 물

물은 지구 내부 깊숙한 곳에서 암석이 지열로 녹아 반액체로 된 물질인 마그마에서 기체 상태로 흘러나와 대기층에 모여들었어요. 지구의 표면층은 물을 펄펄 끓일 정도로 여전히 뜨거웠지만, 이렇게 마그마에서 기체 상태로 흘러나와 대기층에 모여든 물은 계속 기체 상태 그대로 대기층에 머물러 있었지요. 하지만 기체 상태인 물이 응결(기체 상태인 수증기가 액체 상태인 물로 변하는 현상)될 정도로 대기가 차가워졌을 때, 대기층에는 아주 작은 물방울들이 형성되었어요. 이때 형성된 아주 작은 물방울들은 현재 구름이 형성되는 과정과 마찬가지로 구름 속으로 모여들었어요. 그런 다음 비가 내렸지요. 아주 작은 물방울들이 계속해서 구름 속으로 모여들면서, 이때 비가 끊임없이 내리고, 또 내리고, 또 내렸어요. 수천만 년에 걸쳐서, 물은 지구의 표면층에 한데 모여 가장 먼저 단단한 암석들을 충분히 담글 정도로 물웅덩이가 형성되었고, 그다음으로 호수가 형성되었으며, 마지막으로 거대한 해양이 형성되었지요. 40억 년 전까지도 지구의 표면층에는 암석으로 이루어진 섬들과 물이 가득했답니다.

짠맛이 나는 바닷물

대기층에서 흘러나온 이산화탄소가 바닷물에 녹으면, 이산화탄소가 녹아 있는 바닷물은 산성을 띠게 되었어요. 그런 다음 이산화탄소가 녹아서 산성을 띤 바닷물은 암석에서 흘러나온 광물을 녹여서 오늘날 존재하는 바닷물과 마찬가지로 짠맛을 내게 되었지요. 하지만 이렇게 짠맛이 나는 바닷물은 점점 더 짜게 변하지 않았어요. 심지어 수십억 년이 넘는 기간에도 바닷물은 여전히 짠 정도가 거의 같은 상태를 유지하고 있답니다.

뜨거운 암석들

암석에는 화성암, 퇴적암, 변성암으로 3종류가 있어요. 이를테면 화성암은 뜨거운 마그마(지구 내부 깊은 곳에서 암석이 지열로 녹아 반액체로 된 물질)가 화산 폭발로 인해 지표로 흘러나와 빠르게 식어서 굳어지거나, 지하 깊은 곳에서 천천히 식으면서 굳어진 암석을 말해요. 지구의 지각에서는 첫 번째로 마그마가 식으면서 거의 전체적으로 화성암이 생성되었어요. 하지만 이러한 과정에서 생성된 또 다른 암석들이 존재하지요. 퇴적암은 암석이 엄청난 압력을 받아 모래나 진흙으로 부서지고 으깨지면서, 이때 부서지고 으깨진 모래나 진흙으로 쌓인 퇴적물이 단단하게 굳어져서 만들어지는 암석을 말해요. 변성암은 화성암이나 퇴적암이 높은 열과 압력을 받아 성질이 변하여 만들어지는 암석을 말한답니다.

화강암
마그마가 지하 깊은 곳에서 천천히 식으면서 굳어진 화성암

용암
마그마가 분출된 상태

현무암
지표 가까이에서 용암이 빠르게 굳어진 화성암

사암
일종의 퇴적암

편마암
일종의 변성암

☆ 직접 확인해 보세요 ☆
우리 주변에 존재하는 암석들

만약에 여러분이 바닷가나 암석들이 많이 노출되어 있는 어딘가로 여행을 가서 돌멩이들을 수집할 기회가 생긴다면, 암석과 조약돌에 형성된 무늬와 색깔들을 자세히 살펴보세요. 가끔 암석에서 흘러나와 녹은 광물을 운반하는 바닷물은 바위에 갈라진 틈 속으로 파고들어서 줄무늬를 형성하는 결정체들을 남기고 흘러가기도 하지요. 때때로 다른 종류의 암석들은 서로 밀착되어 하나로 합쳐지기도 한답니다.

활기 넘치는 지구

지구의 내부는 여전히 뜨거워요. 지구의 중심핵은 태양의 표면 온도만큼이나 뜨겁지만, 심지어 지각의 아래층에 위치해 있는 맨틀도 여전히 따뜻하고, 아주 서서히 흐를 정도로 끈적거리는 상태이지요. 또한 지각은 지구의 가장 바깥쪽 표면층을 구성하는 부분으로서 지질 구조판이라고 하는 거대한 여러 암석권으로 나뉘어 있어요. 게다가 지구 내부 깊은 곳에 존재하는 마그마는 유동성이 있어서 지질 구조판을 주변으로 끌고 다니고, 서로 만나는 경계면이나 단층을 일으키는 곳에서 지구는 활기가 넘치지요.

불을 뿜어내는 화산

지각에 갈라진 틈을 타고 뜨거운 마그마가 솟아올라 지표 위로 분출하는데, 이러한 상태를 용암이라고 해요. 해양 한가운데에서는 지각이 여러 지질 구조판으로 갈라지고, 뜨거운 마그마가 지각에 갈라진 틈을 타고 서서히 새어 나오지요. 바닷속에서는 이렇게 새어 나온 마그마가 차갑게 식고 굳어지고 차곡차곡 쌓여 새로운 암석이 만들어져요. 또한 지표에서는 화산이 폭발하는 과정에서 마그마가 뜨거운 용암으로 뿜어져 나오거나, 극적으로 위험한 상태로 화산이 폭발하면서 마그마가 분출되어 쏟아져 나와요. 이때 매우 뜨거운 용암과 매우 뜨거운 화산가스, 구름 형태로 퍼져 나가는 화산재 등이 주변 지표 위로 거침없이 마구 쏟아져 나오지요. 따라서 화산이 분출하면 도시가 파괴되거나 섬 전체가 완전히 파괴될 수 있으므로, 화산은 매우 위험하답니다.

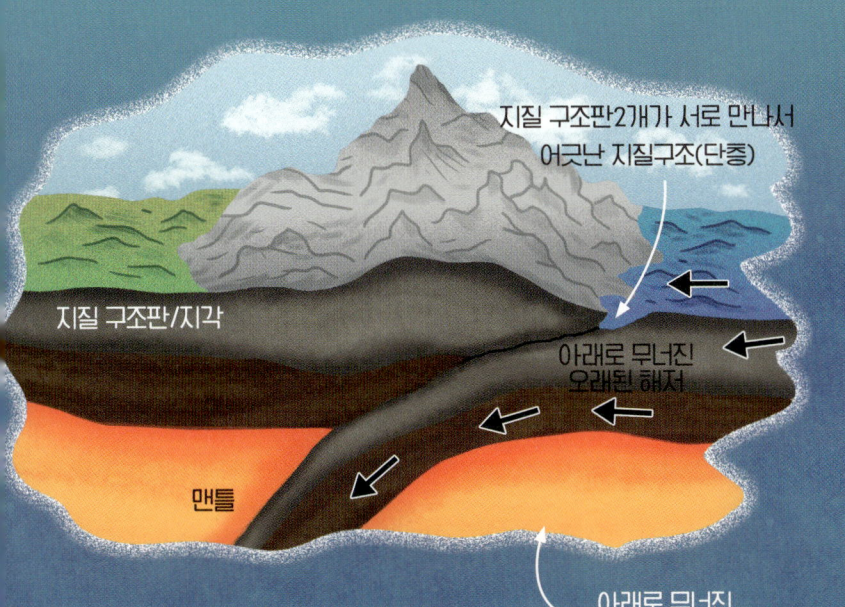

지질 구조판2개가 서로 만나서
어긋난 지질구조(단층)

지질 구조판/지각

아래로 무너진
오래된 해저

맨틀

흔들리는 지질 구조판

지질 구조판 2개가 서로 동시에 세게 충돌하는 곳에서는 흔히 지질 구조판 하나에 또 다른 지질 구조판이 꼼짝 못 하게 끼이는 경우가 많아요. 이때 지질 구조판 2개가 각자 움직이려고 애써보지만 이러지도 저러지도 못하게 서로 꽉 끼어 있으므로, 이러한 지점에서는 지질 구조판 2개가 서로 꽉 끼어 있는 가장자리를 따라 장력(당겨지는 힘)이 계속해서 점점 더 증가해요. 그러면 지질 구조판 2개는 갑자기 요동을 치면서 서로 꽉 끼어 있는 부분을 빼내려고 더더욱 애쓰다가 결국 지질 구조판이 심하게 흔들리고, 심지어 지진이 일어난 듯이 금이 가고 갈라지기도 하지요. 도시에서 지진이 발생하면 건물과 다리가 무너지고 도로가 끊어지며 전력을 공급하는 장치와 가스선이 파괴되어 화재가 발생하므로, 지진은 매우 위험하답니다.

아래로 무너진
오래된 해저

해구 능선 해양 해구
맨틀 지표
내핵
외핵

새로 만들고 분리하는 대륙

새로운 해저가 해양 한가운데에서 탄생하는 동안, 오래된 해저는 해안 근처에서 맨틀로 무너져 내려 다시 녹게 돼요. 이때 맨틀로 무너져 내려서 다시 녹은 오래된 해저는 지표의 가장자리를 따라 화산을 키우지요.
해양이 넓어질수록, 지표를 운반하는 지질 구조판들은 서서히 이동해요. 수억 년에 걸쳐서 대륙들은 서로 합쳐지고 서로 분리되면서 형태가 바뀌고, 따뜻한 지역부터 추운 지역에 이르기까지 세계를 돌아다니다가 본래 있던 자리로 다시 돌아오기도 해요. 가끔 지표는 하나의 거대한 대륙을 만든 다음, 이 하나의 거대한 대륙을 여러 대륙으로 분리하지요. 결국 분리된 여러 대륙들은 다시 합쳐져서 굉장히 거대한 또 다른 대륙을 만든답니다.

☆ 직접 확인해 보세요 ☆

움직이는 대륙

지도를 잘 살펴보면, 아프리카 대륙의 서해안선이 북아메리카 대륙과 남아메리카 대륙의 동해안선과 일치한다는 사실을 파악할 수 있어요. 오래전에는 아프리카 대륙과 북아메리카 대륙과 남아메리카 대륙이 하나로 합쳐져 있었어요. 그 후에 대서양이 열리면서 하나로 합쳐져 있던 아프리카 대륙과 북아메리카 대륙과 남아메리카 대륙이 대서양에 떠밀려 분리되었지요. 대서양은 지금도 여전히 인간의 손톱이 자라는 속도와 거의 같은 속도로 점점 더 넓어지고 있답니다.

북아메리카판 유라시아판
카리브해판 아라비아판 필리핀판
코코스판 아프리카판 인도판
태평양판 남아메리카판
나즈카판 오스트레일리아판

87

정처 없이 떠돌아다니는 대륙

대륙은 10억 년에서 30억 년 사이에 지구의 표면 위를 정처 없이 떠돌아다녔는데, 이러한 현상을 '대륙 이동'이라고 불러요. 어떨 때는 대륙들이 모두 합쳐져서 하나의 거대한 초대륙(판게아)을 이루기도 했고, 또 다른 어떨 때는 지금 모습처럼 거대한 초대륙이 여러 대륙으로 분리되어 넓게 흩어져 있기도 했어요. 그래서 어떨 때는 대륙이 지금보다 더 많이 존재하기도 하고, 또 어떨 때는 대륙이 지금보다 더 적게 존재하기도 해요. 또한 기온이 높아서 따뜻해질 때는 빙하가 다 녹아 없어지고 해수면이 높아지지요. 하지만 이와 반대로 기온이 낮아서 추워질 때는 빙하가 생겨 해수면이 낮아지면서 현재 바닷속에 존재하고 있던 대륙이 모습을 드러내 보인답니다.

★유명한 주요 인물탐구★

알프레드 베게너

독일의 기상학자인 알프레드 베게너는 아프리카 대륙의 서해안선과 남아메리카 대륙의 동해안선이 서로 일치하는 모습을 보고 무척 신기하게 여기며 이 모습에 흠뻑 빠져 완전히 매료되었어요. 그래서 알프레드 베게너는 아프리카 대륙과 남아메리카 대륙이 한때 하나로 합쳐져 있었다는 증거를 수집했고, 결국 1912년에 대륙 이동설을 주장했지요. 이를테면 대륙 이동설은 아프리카 대륙과 남아메리카 대륙처럼 현재 각각 떨어져 있는 대륙들이 과거에 하나로 합쳐져 있는 대륙이었다가 지구의 표면 위를 조금씩 이동하여 결국 지금처럼 각각 떨어지게 되었다는 이론입니다.

대략 9억 년 전

대략 9억 년 전, 최초로 지구에 형성되었던 거대한 초대륙은 '로디니아'였어요. 이때 지구에 존재하는 모든 대륙이 남극 근처에서 무리를 지어 하나로 묶여 있었고, 지구에서 남극을 제외한 나머지 지역들은 모두 바다로 뒤덮여 있었답니다.

대략 2억 5천 5백만 년 전

판게아는 가장 최근에 형성된 초대륙으로서 3억 3천만 년 전에 형성되었어요. 또한 판게아는 모든 대륙이 하나로 합쳐져서 거대한 초대륙을 이루고 있지요. 그런데 높은 산들이 비를 전달하는 구름들을 막고 있어서 대부분 비가 계속 해안 지역으로 내리고 있으므로, 거대한 초대륙인 판게아는 아마도 한가운데가 뜨겁고 건조했을 거예요.

대략 2억 년 전

하나의 거대한 초대륙인 판게아는 공룡이 지구를 이리저리 정처 없이 돌아다닐 즈음에 2개의 커다란 대륙으로 분리되기 시작했어요. 요즈음 대륙들 가운데 일부는 새로운 형태를 드러내고 있지만, 거의 모든 대륙이 여전히 지구본과 같은 형태로 같은 위치에 존재하고 있었어요.

대략 1억 5천만 년 전

대륙은 북아메리카와 유럽과 남아메리카와 아프리카가 분리되지 않고 여전히 하나로 합쳐져 있었고, 이때는 대서양이 아직 형성되지 않았어요. 인도는 당시에 섬이었는데, 나중에 북쪽으로 떠내려가서 아시아에 이어진답니다.

대략 6천 5백만 년 전

공룡이 멸종했을 때쯤에는 대서양이 형성되기 시작하고 있었어요. 그래도 대륙은 여전히 세계에 존재하는 하나의 거대한 해양에서 한쪽으로 상당히 가깝게 몰려 함께 합쳐져 있었지요.

현대

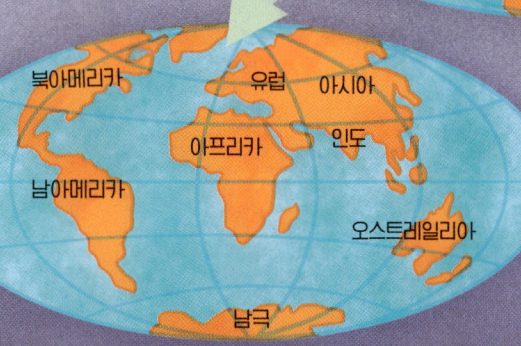

현대의 대륙은 적절하게 분리되어 있어요. 이를테면 오스트레일리아와 남아메리카는 남극과 분리되어 있지만, 인도는 아시아에 이어져 있고, 북아메리카와 남아메리카는 서로 연결되어 있지요.

최초로 탄생한 생물체

과학자들은 지구에 생명체가 언제 어떻게 탄생하게 되었는지를 정확히 설명할 수 없어요. 또한 심지어 무엇이 '살아 있는' 생물체를 만들어내는지에 관한 의견도 일치하지 않아요. 아마도 달이 형성된 지 거의 1억 년 후쯤이나, 1억 년보다 조금 더 후쯤에 자기 자신을 복제할 수 있는 화학 물질들이 어떻게든 생명의 윤곽을 드러내는 경계선을 넘어서 최초로 생물체가 탄생하였을 거예요. 그리고 시간이 흐르면서 단세포로 성장했지요. 이때 단세포는 화학 물질을 먹고 스스로 에너지를 내면서 성장하거나 복제하는 아주 작은 생물을 말해요. 현재 지구에 존재하는 모든 생명체는 이렇게 탄생한 최초의 유기체에서 성장했답니다.

소포(소낭)

안쪽으로 숨는 부분과 바깥쪽으로 노출되는 부분

물질을 구성하는 가장 작은 기본 입자를 원자라고 해요. 또한 원자는 서로 다른 원자들과 결합하여 분자를 구성할 수 있어요. 분자들 가운데 지방산 분자들은 물에 끌리는 한쪽 끝부분(친수성기)과 물을 거부하는 다른 한쪽 끝부분(소수성기)을 가지고 있어요. 그래서 물속에서 지방산 분자들은 '물을 싫어하는' 부분(소수성 지방산 꼬리)들이 모두 안쪽으로 숨어서 한가운데에 핵을 형성하고, '물을 아주 좋아하는' 부분(친수성 지방산 머리)들이 모두 바깥쪽으로 노출되어 물과 닿는 표면을 형성하여 작은 방울 형태로 서로 뭉쳐서 함께 붙어 있어요. 이렇게 작은 방울 형태로 서로 뭉쳐서 함께 붙어 있는 집합체를 미셀이라고 해요. 만약에 미셀이라고 하는 이 작은 방울들이 서로 충돌한다면, 서로 충돌한 미셀들은 함께 결합하여 소포(소낭)라고 하는 더 큰 방울을 형성할 수 있어요. 이를테면 소포는 지방산 분자들이 2개의 층을 형성하여 큰 방울 형태로 서로 뭉쳐서 함께 붙어 있고, 한가운데에 빈 공간이 존재해요. 이 빈 공간은 물과 다른 화학 물질들을 저장하여 나머지 환경에서 분리할 수 있어요. 이러한 소포들은 생명을 이루는 기본 단위인 최초의 세포가 되었지요. 모든 생명체는 세포를 적어도 하나 이상 가지고 있는데, 세포를 오직 하나만 가지고 있는 생명체도 많이 존재한답니다.

미셀 단면 미셀

소포 단면

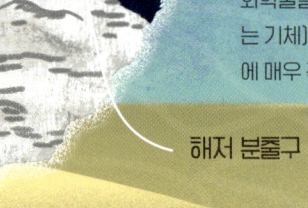

고세균(고균)

세포벽
세포막
세포질

고대 생물체

최초로 생물체가 형성되기 시작했지만, 이 생물체들은 단조롭고 지루한 삶을 살았어요. 또한 이 생물체들은 화학 물질을 먹고 스스로 에너지를 내면서 복제할 수는 있었어도, 또 다른 일은 별로 하지 않았어요. 이러한 최초의 생물체를 고세균이라고 불렀지요. 초기 지구의 주요 생물이었던 고세균은 지구에 존재하는 가장 오래된 암석들 속에 화학적인 '발자국'을 남겼고, 과학자들은 이 화학적인 발자국을 살펴보며 생물체가 적어도 38억 년 전에 형성되기 시작했다는 사실을 파악했어요. 게다가 현재 우리는 고세균이 남겼던 화학적인 발자국을 자세히 살펴보면서 당시 고세균의 모습이 어땠을지 짐작할 수도 있어요. 이를테면 고세균은 사람 머리카락 두께의 10분의 1도 채 안 될 정도로 크기가 아주 작답니다. 고세균들 중에는 해저 분출구에서 거의 끓어오르는 물속과 온도가 몹시 높은 곳에서 사는 고세균들이 많고, 진흙 속 아주 깊은 곳에서 사는 고세균들도 많으며, 소와 흰개미의 내장 속에서 사는 고세균들도 존재해요. 고세균들은 화학물질을 '섭취'해서 메탄(우리가 온도를 높여 실내를 따뜻하게 할 때나 요리할 때 이용하는 기체)을 만들어내지요. 따라서 극도로 뜨거웠던 초기 지구의 상황은 고세균들이 살아가기에 매우 적합했을 겁니다.

해저 분출구

빛에너지를 이용하는 생물체

최초로 탄생한 단세포 생물 가운데 일부는 햇빛에서 나오는 빛에너지를 이용해서 화학 물질들을 분해하여 스스로 섭취하기 위한 당분을 만드는 법을 학습했어요. 또한 이 단세포 생물들은 대기 중에 존재하는 이산화탄소를 흡수하고 공기 중으로 산소를 방출했어요. 이와 마찬가지로 식물들은 지금도 여전히 대기 중에 존재하는 이산화탄소를 흡수하고 공기 중으로 산소를 방출하고 있지요. 이처럼 주로 식물이 빛에너지를 이용하여 대기 중에 존재하는 이산화탄소를 흡수하고 공기 중으로 산소를 방출하는 과정을 '광합성'이라고 부른답니다. 현재는 지구에 존재하는 식물이 광합성을 하는 과정에서 산소를 공기 중으로 방출하고 있지만, 당시 초기 지구 상황에서는 이러한 광합성 과정이 엄청난 대재앙을 불러일으켰어요. 대부분 생물체가 산소를 이용하지 않기 때문이에요. 사실, 산소는 당시 생물체들에게 생명을 빼앗아 갈 정도로 악영향을 미쳤어요. 엽록소를 가지고 광합성을 하는 세균(시아노박테리아)이 증가하여 바닷물 속과 공기 중으로 산소가 마구 쏟아지면서, 또 다른 생물체 대부분이 산소로 인해 생명을 잃었지요. 하지만 대략 24억 년 전에서 20억 년 전쯤 되어서야 대기가 조금씩 변했고, 결과적으로 생물체가 바뀌게 되었어요. 새로 탄생한 생물체들은 산소를 이용하거나, 최소한 산소를 견뎌낼 수 있었답니다.

우리는 어떻게 알 수 있을까요?

25억 년 전에서 20억 년 전에 존재한 암석들은 흔히 녹에 의해 만들어진 선홍색 줄무늬를 띠고 있어요. 이를테면 녹은 산화철을 말해요. 또한 산화철은 철과 산소가 결합하여 생성된 화합물이지요. 시아노박테리아가 광합성을 하여 산소를 바닷물 속에 마구 쏟아내는데, 이때 바닷물 속에 존재하는 철이 산소와 결합하여 녹이 슬고, 녹이 암석들에 떨어져 쌓이면서 암석에는 붉은 산화철 줄무늬가 형성되었답니다.

10억 년 정도 후에는 좀 더 흥미로운 생물체들이 발달했어요. 이 생물체들은 모두 여전히 바닷물 속에서 살았지만, 점점 더 큰 식물과 동물들로 성장하기 시작했어요. 또한 이 생물체들은 현미경이 없이도 맨눈으로 관측할 수 있는 최초의 생물체이지요. 그래서 만약에 누군가가 이 생물체들을 맨눈으로 관측하려고 사방을 빙 둘러서 살펴보고 다녔다면, 아마도 이 생물체들을 관측할 수 있었을 거예요. 게다가 5억 년 전에는 생물체들이 좀 더 풍부하게 다양해졌답니다.

4억 년 전

대륙에 존재하는 생물체

암석으로 이루어진 대륙을 상상해 보세요. 대륙은 아마도 일부 끈적끈적한 물질인 맨틀을 제외하고 성장하는 부분이 없었어요. 하지만 해안은 밀물과 썰물 때문에 일어나는 바닷물의 흐름인 조류에 의해 성장하였지요. 이러한 현상은 지구에서 수십억 년 동안 발생해 왔어요. 그러다가 7억 년 전에서 5억 5천만 년 전쯤 지구는 변하기 시작했어요. 생물체가 대륙에서 등장했지요. 처음에는 그저 이끼가 암석에서 성장했지만, 그다음에는 식물들이 성장하기 시작했고, 급기야 동물들이 바다와 강에서 기어 나왔답니다.

자외선 차단제를 잊지 마세요!

오존층이라고 하는 대기층은 대기권의 25~30km 높이에 있는 성층권에 존재하고 있으며, 많은 양의 오존 기체를 포함하고 있었어요. 오존층은 피부에 화상을 일으킬 정도로 인체나 생물체에 해로운 태양의 자외선을 흡수하여 지구를 보호했지요. 그전에는 생물체가 안전하게 지낼 수 있는 유일한 장소가 바로 바닷물 속이었어요. 하지만 성층권에 존재하는 오존층이 태양의 자외선을 차단해서 지구를 보호해 주는 자외선 차단제 역할을 하면서, 생물체들은 바닷물 속에서 열린 공간으로 기어 나올 수 있었어요. 그래서 이끼는 아무것도 안 덮인 바위에 달라붙어서 성장하기 시작했지요. 이끼는 지금도 여전히 해조류와 곰팡이류와 함께 살아가고 있답니다.

뿌리를 내리는 식물

최초로 대륙에서 성장한 생물체들은 뿌리가 없었어요. 이끼는 암석에 달라붙어서 암석의 표면층을 분해했고, 아주 작은 생물체들이 죽으면서 암석에 미세한 가루를 남겼어요. 이렇게 암석에 남겨진 미세한 가루들은 암석이 분해되어 패인 구멍이나 틈으로 들어가서 구석진 곳까지 깊숙이 내려가 모인 다음, 맨 먼저 토양을 만들었어요. 이렇게 만들어진 토양 속에서 식물들은 뿌리를 성장시킬 수 있었지요. 뿌리가 자란 식물들은 해안에서 더 멀리 떨어져 살금살금 아주 천천히 대륙으로 퍼져나갔어요. 식물들은 적절하게 자리 잡은 곳에서 토양을 머금은 뿌리를 내렸어요. 가령 말하자면 식물이 많이 존재하는 곳일수록 토양이 많이 존재했고, 토양이 많이 존재하는 곳일수록 식물이 많이 존재했답니다.

피사포드(발이 달린 물고기)

대륙으로 기어 나오는 절지동물

꽃이 피지 않는 단순한 식물들이 성장하여 해로운 태양의 자외선을 걸러 내면서, 동물들은 대륙으로 서서히 기어 나올 수 있었어요. 바닷물 속에서 대륙으로 기어 나올 수 있었던 첫 번째 동물은 바로 절지동물이었지요. 절지동물은 몸이 딱딱한 외골격으로 싸여 있고, 몸과 다리에 마디가 있으며, 각 마디에 관절이 있는 동물이에요. 이를테면 게, 곤충, 거미 등과 같은 동물들을 절지동물이라고 해요. 절지동물은 암석 위를 허둥지둥 기어다니며 식물들을 서로 조금씩 섭취했을 거예요. 또한 절지동물이 성장하고 변화하면서, 일부 곤충들은 공기 중으로 날아다녔어요. 공기 중으로 날아다닌 이 곤충들은 역사상 최초로 하늘을 날아다니는 동물이 되었지요. 게다가 동물들의 사체와 배설물이 토양에 더해졌답니다.

땅에 알을 낳는 동물들

그다음 변화는 외부에서 내부로 물이 스며들지 않는 알과 함께 딸려 왔어요. 이 알들은 땅에 낳을 수 있지요. 알을 낳는 동물인 파충류는 물에서 벗어나 아무 데서든 잘 살 수 있었어요. 실제로 생물체는 바다에서 대륙으로 옮겨왔답니다.

이상한 물고기

다음으로는 다소 뻣뻣한 지느러미로 몸의 균형을 유지하며 바닷물 속에서 스스로 몸을 이끌고 헤엄을 치는 이상한 물고기가 등장했어요. 이 이상한 물고기인 '피사포드(발이 달린 물고기)'는 공기로 호흡할 수 있었고, 바다와 육지에서 모두 적응할 수 있었어요. 피사포드는 맨 먼저 양서류로 진화했어요. 이때 양서류는 육지에서 폐와 피부를 통해 호흡하며 살 수 있지만, 물 속에서도 아가미로 수중 호흡을 하면서 살 수 있고 물 속에 알을 낳는 동물을 말하지요.
식물과 토양과 동물들은 모두 3억 5천만 년 전까지도 성장하고 변화하며 육지에서 더 멀리 퍼져나갔어요. 이를테면 악어와 같은 양서류가 무더운 열대지방의 습지대 구석구석을 느릿느릿 움직여 다니고, 새 정도 되는 크기의 거대한 잠자리들이 열대지방의 삼림에서 하늘 높이 치솟아 윙윙거리며 날아다니고 있었답니다.

거대한 잠자리

절지동물

대멸종 사건

생물체들은 실제로 바다와 대륙에서 서식하며 매우 적절하게 생존하고 있었어요. 하지만 대멸종 사건이 일어나기 전까지만 매우 즐겁고 만족스럽게 생존하고 있었지요. 과거 지구에 대멸종 사건이 최소한 5번 정도 발생하면서, 생물체 대부분이 삽시간에 사라졌어요. 이때 대부분 생물체는 생명을 잃고 죽었답니다.

익룡

지구를 덮치는 대재앙을 살펴보세요

대재앙은 여러 가지 형태로 밀려와요. 이를테면 우주 공간에서 떠돌아다니는 암석 덩어리가 지구에 충돌하거나, 수년 동안 계속해서 화산이 분출하거나, 기후가 끔찍할 정도로 변화하면서 대재앙이 밀려오지요. 지구에 존재하는 생물체들과 지구에서 벌어지는 상황들은 서로 얽혀서 아주 밀접하게 연관되어 있고, 심지어 지구에서 일어나는 아주 작은 변화에도 대재앙이 밀려올 수 있답니다.

레갈리케라톱스

파충류 1.0

전 세계 곳곳을 이리저리 떠돌아다니던 파충류는 2억 5천 2백만 년 전에 아주 끔찍한 대재앙을 겪었어요. 매우 거대한 화산이 분출하면서 바다와 대륙이 상상할 수 없을 정도로 몹시 뜨거워졌고, 이때 모든 생물체 가운데 90% 정도가 생명을 잃게 되었지요.

파충류 2.0

지구의 상황들은 수백만 년 동안 아주 힘들었지만, 파충류는 이런 힘든 상황들에 절대 굴복하지 않았어요. 파충류는 오히려 몸집이 점점 더 커지고 좀 더 나은 모습으로 돌아왔어요. 바로 공룡으로 진화해서 돌아왔지요.
공룡들은 지구 전체 곳곳에서 살았고, 1억 5천만 년 이상 동안 지구를 지배했어요. 이때 1억 5천만 년 이상이라는 기간은 공룡들이 죽어서 멸종한 이후부터 현재까지의 기간보다 훨씬 더 긴 기간이에요. 하지만 공룡들은 또 다른 대멸종 사건을 겪으면서 완전히 생을 마감하게 되었는데, 이때는 거대한 소행성이 지구에 충돌하면서 대량 멸종 사태가 일어나게 되었지요. 이렇게 끔찍한 대멸종 사건이 습격한 장소는 바로 현재 멕시코 근처에 위치한 바다 밑이랍니다.

살아남은 생물체를 위한 공간

대량 멸종 사태는 그 당시에 살고 있던 동물들과 식물들을 순식간에 덮친 아주 끔찍한 사건이에요. 지구의 상황들이 아주 힘들 정도로 끔찍하게 변화했지만, 살아남은 생물체들은 이런 힘든 상황들에 절대 굴복하지 않고 전력을 다해서 힘든 상황들을 헤치고 나아가게 되지요. 거대한 화산이 폭발하고 거대한 소행성이 지구에 충돌하면서 가스와 먼지가 공기 중으로 거침없이 분출되었고, 이때 공기 중으로 분출된 가스와 먼지가 태양을 가로막으면서 지구는 차갑게 식어 갔어요. 하지만 지구는 다시 뜨거워졌고, 심지어 생존해 있는 생물체들이 바삭하게 구워질 정도로 매우 뜨거워졌지요. 그래서 결국 맨 먼저 식물들이 죽게 되고, 그다음으로 식물을 먹고 사는 초식동물들이 죽게 되고, 또 그다음으로 초식동물을 먹고 사는 육식동물들이 죽게 되었답니다. 그래도 생물체는 그 후로 서서히 다시 회복되었지요. 많은 종류의 생물체들이 사라지는 상황에서도, 새로운 동물들과 식물들은 갈라진 틈이나 구멍으로 천천히 자리를 옮겨갔어요. 그래서 새로 접한 환경에 적응하고, 스스로 먹이를 찾아서 섭취하고, 새로운 공간을 적절하게 이용하며 살아갔지요. 공룡들이 살다 간 후에는 땅속에 숨어 있거나 나무들 사이로 날쌔게 뛰어 돌아다니는 작은 동물들이 그 자리를 떠맡았어요. 이 작은 동물들이 바로 포유류랍니다.

티라노사우루스 렉스

안킬로사우루스

우리는 어떻게 알 수 있을까요?

죽은 동물들과 식물들 가운데 일부가 화석으로 보존되어 있으므로, 우리는 이러한 화석들을 자세히 살펴보면서 과거에 존재했던 생물체들을 제대로 파악할 수 있어요. 만약에 죽은 동물들과 식물들이 진흙이나 바닥에 괴어 있는 침전물에 신속하게 묻힌다면, 이렇게 땅속에 묻혀 있는 동물들과 식물들의 사체들은 화학적으로 변하여 암석처럼 단단해질 수 있지요. 과학자들은 죽은 동물들과 식물들의 뼈와 껍질, 발톱, 이빨, 부리 등을 조각조각한데 모아 죽은 동물들과 식물들이 과거 당시에 어떤 모습이었는지를 정확하게 파악해 낼 수 있어요. 또한 과학자들은 화석들이 어떠한 암석에 보존되어 있는지를 자세히 살펴보면서 동물들과 식물들이 과거 당시 얼마나 오래전부터 살았었는지도 정확히 알아낼 수 있답니다.

인류와 연결되는 포유류

생물체는 대량 멸종 사태가 발생한 후에도 서서히 다시 회복되었지요. 공룡들은 그저 현대에 존재하고 있는 새들(조류)의 조상이 되었고, 공룡들이 살다간 후에는 새로운 종류의 생물체들이 그 자리를 물려받았어요. 이를테면 포유류는 공룡류가 남긴 공간을 대부분 채우며 상황에 잘 대처해 나갔어요. 또한 포유류 중에서도 인류는 주위 상황에 잘 대처하면서 능력을 발휘하여 지구를 지배했답니다.

긴팔원숭이

따뜻한 혈액과 커다란 두뇌를 가진 포유류

포유류는 멸종하지 않고 다음 세대로 계속해서 이어나갈 수 있는 특징들을 몇 가지 갖추고 있어요. 이를테면 포유류는 주위 온도와 관계없이 일정한 체온을 유지할 수 있는 항온동물이에요. 그래서 포유류는 더운 곳에서도 몸이 지나치게 뜨거워지지 않고 추운 곳에서도 몸이 얼 정도로 지나치게 차가워지지 않으면서 특정한 장소에서도 적절하게 잘 살 수 있어요. 또한 포유류는 새끼를 낳은 후에 어린 새끼에게 먹일 젖을 생산하여 자신들의 몸 안에 새끼를 품고 젖을 먹여 키우며, 새끼를 보호하지요. 게다가 어떤 포유류들은 이전에 존재했던 동물들보다 두뇌가 더 커다랗고 훨씬 더 발달했어요. 포유류 가운데 뇌가 크고 뇌와 손발이 발달한 포유류는 영장류이지요. 이때 영장류는 인류를 포함하여 모든 종류의 원숭이와 유인원이 속한 동물군을 말한답니다.

피그미 침팬지
(난쟁이 침팬지)

나무 밖에서 생활하는 영장류

영장류는 맨 처음 나무에서 살았어요. 하지만 영장류 가운데 일부는 나무보다 숲 바닥과 평원에서 더 많은 시간을 보내기 시작했어요. 또한 초기 인류와 어떤 다른 유인원들은 수직으로 똑바로 서서 두 다리로 걷기 시작했지요. 게다가 영장류 대부분은 엄지손가락을 가지고 있었어요. (더불어 인류를 제외하고, 영장류 대부분은 엄지발가락도 가지고 있었어요!) 이때 영장류 대부분이 엄지손가락을 가지고 있었다는 의미는 영장류 대부분이 물체를 쉽게 움켜잡을 수 있을 정도로 손을 아주 유용하게 사용할 수 있었다는 뜻이랍니다.

호모 하빌리스

하이델베르크인
(호모 헤이델베르겐시스)

호모 에르가스테르

아프리카에서 퍼져 나간 인류

초기 인류는 맨 처음으로 아프리카에서 등장했어요. 또한 초기 인류는 아주 오랫동안 몇 가지 다른 유형들이 존재했지요. 우선 첫 번째로 현생 인류는 200,000년 전에 아프리카에서 등장했고, 대략 50,000년 전에 아프리카를 떠났어요. 아프리카를 떠난 현생 인류는 모두 전 세계 곳곳으로 퍼져나가면서, 결국 맨 마지막으로 북아메리카와 남아메리카까지 퍼져나갔답니다.

동굴에서 도시로 이동하는 인류

초기 인류는 도구를 이용하고, 옷을 만들고, 불을 피우는 법을 스스로 학습했어요. 이때 옷을 만들고 불을 피우는 법을 스스로 학습했다는 의미는 초기 인류가 오로지 얇은 머리털만 탐스럽게 난 채로 머리부터 발끝까지 아무것도 걸치지 않고 생활했던 곳보다 훨씬 더 추운 지역으로 이동하여 생활할 수 있다는 사실을 뜻했어요. 또한 인류가 어디로든 퍼져나가서 주위 환경에 맞춰 적절하게 생활할 수 있다는 사실을 의미하기도 했지요.

20,000년도 채 되지 않아서, 인류는 동굴에서 생활하면서부터 동물을 사냥하고 식물을 채집하여 음식을 마련하고, 집을 짓고, 여러 동물을 기르고 농사를 짓는 일에까지 이르렀어요. 이렇게 변화된 생활들은 우리가 일을 서로 분배할 수 있고, 심지어 혼자서 한다면 평생 끝마칠 수 없는 힘든 일들을 다 함께 시작할 수 있다는 사실을 의미했지요. 또한 이렇게 변화된 생활 덕분에 우리는 거대한 도시를 건설할 수 있었고, 여러 세대에 걸쳐서 과학과 예술과 종교 등을 발전시킬 수 있었어요. 다시 말해서 인류는 지구상에서 이 같은 모든 일을 결국 해내는 유일한 종족이지요. 또한 과학과 기술이 발달한 덕분에 우리는 우주를 탐험할 수 있었고, 우리 주변에 존재하는 우주를 좀 더 자세히 파악해 낼 수 있었답니다.

고대 메소포타미아에 있는 고대 도시인 바빌론에 존재한 이슈타르 문은 2,600년 전에 지어졌어요.

새로운 우주 공간의 발견

인류는 우리가 아는 한 태양계에서 우주를 탐험하기 시작한 유일한 생명체이지요. 사람들은 수천 년 동안 태양과 달과 행성들이 주기적으로 이동하는 모습과 밝게 빛나는 밤하늘에 마음이 완전히 사로잡혀 매료되어왔어요. 처음에는 그저 밤하늘에서 여기저기 흩어져 밝게 빛나는 점들을 추적하여 밝혀내고, 항성들이 일정하게 갖추고 있는 형태들을 추적하여 파악해 낼 수 있었어요. 하지만 지금은 과학과 기술이 발달하여 우주 공간에서 지구와 아주 멀리 떨어져 있는 천체들을 자세히 살펴보고 제대로 탐구할 수 있지요. 게다가 우주 공간을 여행하면서, 심지어 우리 태양계에 존재하는 또 다른 일부 천체들에 착륙하여 직접 살펴보고 연구하며 조사할 수도 있어요. 이를테면 인류는 달에 착륙했고, 우주 공간을 천천히 '걸어 다녔으며', 인간이 우주선에 직접 탑승하지 않고 로봇 기술을 이용해 원격으로 조종하여 무인 우주선을 다른 행성으로 보냈답니다.

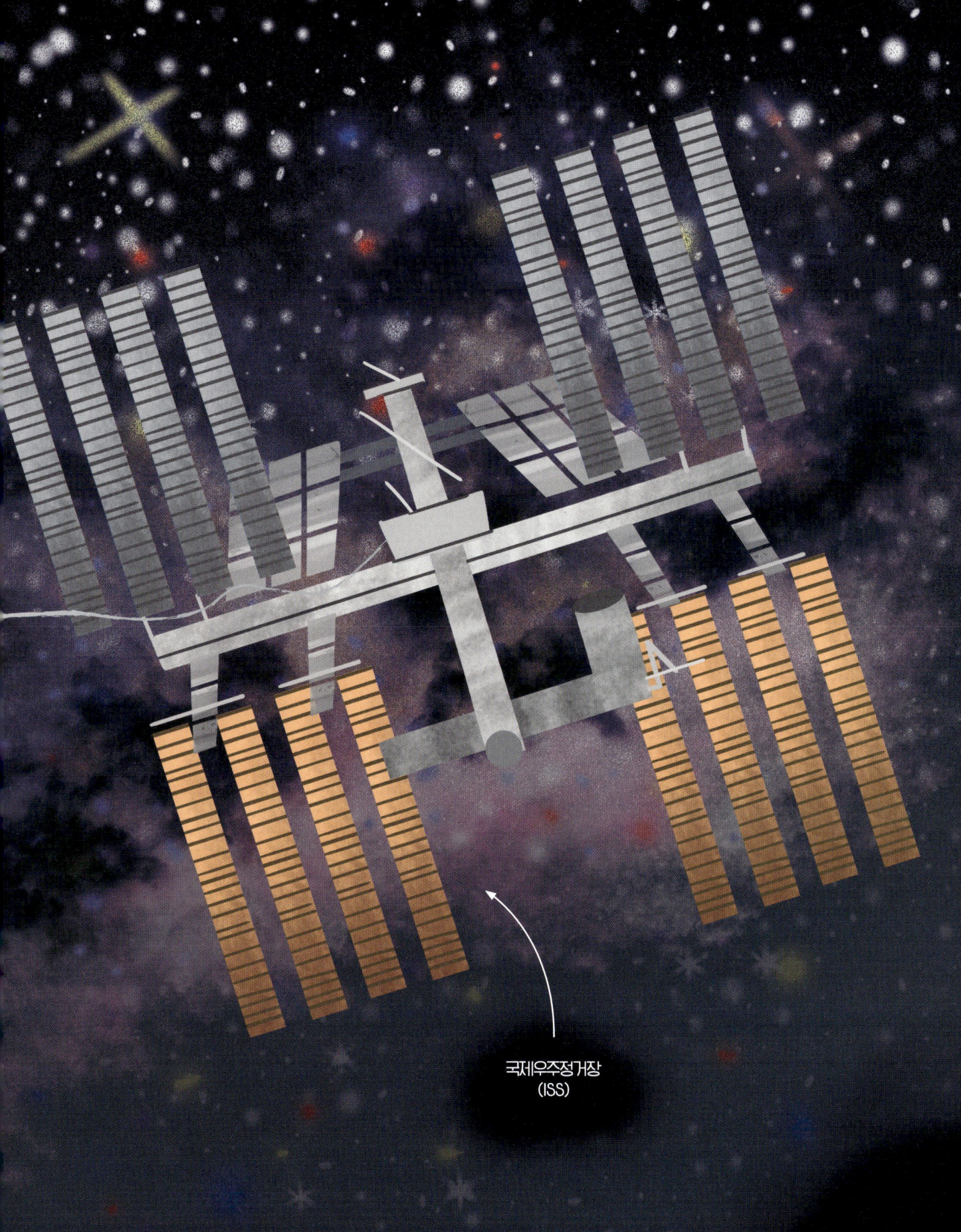
국제우주정거장 (ISS)

별의 관측

사람들은 고대부터 달의 위치나 모양이 변화하는 단계와 행성들이 주기적으로 이동하는 모습을 추적하여 파악하였고, 별들의 위치를 기록해 왔어요. 비록 어떤 다른 동물들은 자신들의 길을 찾기 위해 달과 태양을 이용하는 듯하지만, 인류는 천문학을 연구하고 우주를 탐험하는 유일한 종이지요.

별을 추적 관측하여 만든 달력

초기 인류는 달의 위치나 모양이 변화하는 단계와 항성(별)들과 행성들이 주기적으로 이동하는 모습을 추적하여 파악하고 기록하면서, 이에 관해 수집한 정보를 이용하여 달력을 만들었어요. 이렇게 만든 달력은 농사와 종교적으로 행하는 의식 절차에 많은 도움이 되었어요. 초기 인류는 1년을 기록해 둔 달력을 살펴보면서 씨를 뿌려야 할 시기와 동물들을 이동시켜야 할 시기, 계절적으로 여름철에 여러 날을 계속해서 매우 많은 비가 내리는 장마와 주기적으로 발생하는 또 다른 날씨를 예상해야 할 시기 등을 적절하게 파악했지요. 또한 초기 인류가 만든 달력은 식물을 재배하고 사냥하며 음식을 마련하는 데에도 상당히 많은 도움이 되었답니다.

초기 사회 속에서 살아가는 사람들 대부분은 하늘에서 발생하는 사건들이 지구에서 발생되는 사건들에 영향을 미친다고 믿으면서, 점성술에 관한 개념을 더욱 발전시켜 나갔어요. 하지만 실제로 일식이나 월식과 같은 사건들과 혜성이 출현하는 사건들은 우리의 삶이나 전쟁과 식량 부족과 같은 사건들에 전혀 영향을 미치지 않지요.

또한 초기 사회 속에서 살아가는 사람들은 행성들과 항성들을 여러 장소와 시대에 존재하는 신들과 연관 지어 왔어요. 하지만 이들이 확신하는 믿음에 더는 우리가 공감하지 않더라도, 이런 사람들이 하늘에 존재하는 천체의 움직임에 관해 수집한 정보 자료는 기본적으로 천문학의 밑바탕이 되는 기초를 마련했답니다.

별을 따라 항해해요

수천 년 동안 사람들은 밤이 되면 밤하늘에 떠 있는 별들의 위치를 살펴보면서 목적지로 향하는 길을 찾아 넓고 푸른 바다를 항해했고, 낮에는 하늘에 떠 있는 태양의 위치를 살펴보면서 바다를 항해하며 그때그때 시간을 확인했어요. 이렇게 별들과 태양의 위치를 살펴보면서 목적지까지 성공적으로 바다를 항해하려면, 여러 해 동안 태양과 별들의 위치를 계속해서 제대로 파악하며 상세히 기록해야 했지요. 현대 도시에서는 어두운 밤에도 도시를 밝게 빛내 주는 각종 야간 인공 조명들이 너무 과하게 밝아서 이러한 빛 공해로 인해 맑은 밤하늘에서도 별들을 대부분 관측할 수 없었지만, 과거에는 현대 도시에서 발생하는 빛 공해가 전혀 존재하지 않았으므로 밤하늘이 아주 캄캄하고 어두워서 훨씬 더 멀리 떨어져 있는 별들까지도 맨눈으로 관측할 수 있었어요. 또한 사람들은 밤에 바다를 항해할 때면 목적지로 향하는 길을 확실하게 찾아내기 위해서 위치를 정확히 파악해야 할 별들을 맨눈으로도 쉽게 관측할 수 있었답니다.

우리는 어떻게 알 수 있을까요?

수천 년 동안 사라지지 않고 남아 있는 유물과 유적들을 자세히 파악해 보면, 우리의 아주 먼 조상들이 항성들과 행성들에 주목하여 매우 주의 깊게 살폈다는 사실을 제대로 이해할 수 있어요. 이를테면 스톤헨지 유적은 5,000년이 지난 지금까지도 영국에 남아 있는 거석 기념물이지요. 또한 스톤헨지 유적은 여름의 시작을 알리는 하지(일 년 중에서 낮이 가장 긴 절기)에 떠오르는 태양이 거대한 돌을 이용해 원형으로 배치하여 만든 이 거대한 입석 구조물 바로 위에서 밝게 빛날 수 있도록 세워져 있답니다.

스톤헨지 유적

별들을 관측해 보세요

우리 조상들에게는 태양과 달을 제외한 모든 천체가 밤하늘에서 밝게 빛나는 아주 작은 반점처럼 보였어요. 항성들과 행성들은 각자 다르게 이동하고, 항성들은 밤하늘에서 반짝반짝 빛났지만, 항성들과 행성들이 각자 얼마나 다르게 이동하는지를 정확히 파악할 방법은 없었어요. 하지만 1608년 당시에 유럽에 있는 어느 한 렌즈 제조사가 최초로 천체망원경을 만들었지요. 이때 렌즈 제조사가 발명한 천체망원경 덕분에 우리는 아주 오랜 시간 끊임없이 우주를 이해하고 파악하는 능력이 아주 많이 발달할 수 있었답니다.

좀 더 자세히 관측해 보세요

천체망원경 덕분에 우리는 행성들이 태양계에서 각자 다른 세계를 관찰할 수 있고, 은하수에 수백만 개의 항성들이 무리를 지어 거대한 구름 띠 모양으로 길게 분포되어 있다는 사실을 처음으로 정확하게 파악할 수 있었어요. 또한 천체망원경 덕분에 달의 표면은 그저 한때 사람들이 생각했듯이 특색이 없게 매끈하며 단조롭지 않고, 크고 작은 분화구들이 존재하고 있으며, 산과 산맥 등이 줄지어 있어서 표면의 높낮이가 심한 산악지대와 평원이 존재하고 있다는 사실도 확실하게 밝혀낼 수 있었지요. 심지어 천체망원경 덕분에 우리는 태양계에 존재하는 다른 행성들 가운데 일부가 자신만의 위성을 갖고 있다는 사실도 명확하게 알아낼 수 있었답니다.

이렇게 성능이 우수한 천체망원경들이 발명되면서 사람들은 자신들이 궁금해하는 세계를 직접 관측하며 제대로 파악하는 관점으로 바뀌었어요. 이를테면 성능이 우수한 천체망원경 덕분에 태양과 모든 행성이 지구 주위를 공전하지 않고, 지구가 태양 주위를 공전하고 있다며 100년 전도 채 되지 않는 기간에 확인할 수 있었지요.

달

★유명한 주요 인물탐구★
갈릴레오 갈릴레이

이탈리아의 과학자 갈릴레오 갈릴레이는 천체망원경이 발명되었다는 소식을 접하고서 즉시 이 천체망원경보다 성능이 훨씬 더 우수한 천체망원경을 직접 발명했어요. 또한 갈릴레오 갈릴레이는 자신이 발명한 천체망원경을 이용해 달의 표면에 존재하는 분화구를 발견했지요. 게다가 은하수에는 수백만 개의 별들이 무리를 지어 거대한 구름 띠 모양으로 길게 분포되어 있다는 사실도 발견했고, 태양계에 존재하는 행성들은 별들과 마찬가지로 밤하늘에서 밝게 빛나는 아주 작은 반점이 아니라 또 다른 세계를 펼치고 있는 천체라는 사실도 발견했지요. 이와 더불어 태양계에 존재하는 행성들 가운데 또 다른 행성인 목성의 주위를 공전하는 위성 4개를 최초로 관측했답니다.

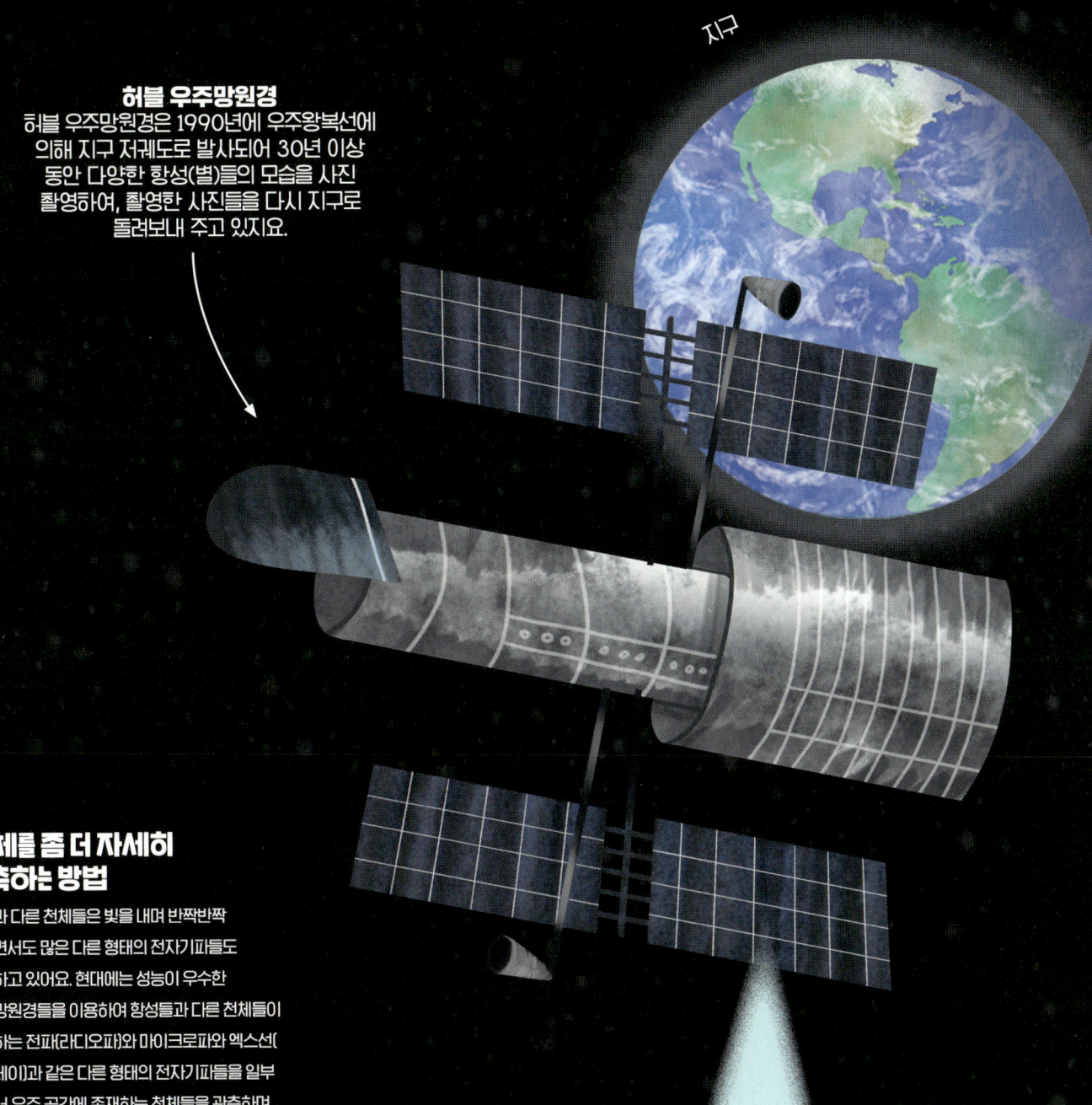

허블 우주망원경
허블 우주망원경은 1990년에 우주왕복선에 의해 지구 저궤도로 발사되어 30년 이상 동안 다양한 항성(별)들의 모습을 사진 촬영하여, 촬영한 사진들을 다시 지구로 돌려보내 주고 있지요.

지구

천체를 좀 더 자세히 관측하는 방법

별들과 다른 천체들은 빛을 내며 반짝반짝 빛나면서도 많은 다른 형태의 전자기파들도 방출하고 있어요. 현대에는 성능이 우수한 천체망원경들을 이용하여 항성들과 다른 천체들이 방출하는 전파(라디오파)와 마이크로파와 엑스선(엑스레이)과 같은 다른 형태의 전자기파들을 일부 모아서 우주 공간에 존재하는 천체들을 관측하며 자세히 살펴볼 수 있지요.

허블 우주망원경

현재 존재하고 있는 우주망원경 가운데 세계 최고로 성능이 가장 뛰어난 우주망원경은 지구 주위를 공전하는 허블 우주망원경이에요. 허블 우주망원경은 지구에서 아주 멀리 떨어져 있는 천체들, 심지어 우리 은하에서 훨씬 더 멀리 떨어져 있는 천체들까지도 매우 명확하게 관측할 수 있어요. 지구에서 천체망원경을 이용해 우주 공간에 존재하는 천체들을 관측한다면 대기층이 시야를 방해하지만, 우주왕복선에 의해 지구 저궤도로 발사된 허블 우주망원경은 우주 공간에 존재하는 천체들을 명백하고 확실하게 관측하는 데 아무런 문제가 되지 않는답니다.

천체를 좀 더 자세히 관측하는 방법

별들과 다른 천체들은 빛을 내며 반짝반짝 빛나면서도 많은 다른 형태의 전자기파들도 방출하고 있어요. 현대에는 성능이 우수한 천체망원경들을 이용하여 항성들과 다른 천체들이 방출하는 전파와 마이크로파와 엑스선과 같은 다른 형태의 전자기파들을 일부 모아서 우주 공간에 존재하는 천체들을 관측하며 자세히 살펴볼 수 있지요.

전파를 방출하는 별

일단 전파 망원경은 최초로 1931년에 발명되었지만, 지난 90년 동안 성능이 훨씬 더 우수한 전파 망원경으로 계속해서 발전되어 왔어요. 이렇게 발전한 전파 망원경은 컴퓨터와 함께 처리되는데, 이때 우주 공간에서 천체들이 방출하는 전파나 다른 형태의 전자기파를 일부 모아서 천체들의 '모습'을 관측하고, 천체들의 실제 모습과 아주 비슷하게 자세히 묘사해서 표현해내지요. 또한 전파 망원경은 특정한 형태의 전자기파 방출량을 측정하고, 천체 주변이나 하늘의 여러 지점에서 전자기파가 얼마나 많이 존재하는지를 분석하여 지도를 만들어요. 그런 다음에는 전자기파가 분포하는 정도에 따라 다양하게 서로 다른 색조들로 표시되면서 천체 주변에 분포하는 전자기파의 양을 직접 눈으로 보고 인식할 수 있도록 지도를 만든답니다.

감격스러운 사건

전파 공학자 칼 잰스키는 1932년에 우연히 우주에서 방출되어 온 전파를 최초로 포착했어요. 칼 잰스키는 라디오 안테나를 이용하여 라디오를 듣는 와중에 배경음으로 윙윙거리는 소리가 날 때 전화에서 혼선이 발생하는 원인을 찾고 있었어요. 결국 칼 잰스키는 라디오 배경음으로 윙윙거리는 소리가 날 때 전화에서 혼선이 발생하는 원인이 우리 은하의 중심부 근처 어딘가에 있는 우주 공간에서 왔다는 사실을 파악해냈어요. 칼 잰스키가 파악해 낸 사실에 기발한 영감을 받은 그로트 레버는 1937년에 최초로 전파 망원경을 발명했고, 최초로 전파 주파수 천문 측량을 수행하며 전파천문학에서 선구자적 역할을 해냈답니다.

가시광선보다 파장이 더 긴 전자기파를 포착하지요.

전파 망원경은 특정한 하늘길에 초점을 맞추지요.

적외선으로 관측된 은하

어둠 속에서 관측하는 천체

가시광선 영역에서 천체가 방출한 빛을 모아서 천체를 관측하는 광학 망원경과는 달리, 전파 망원경은 밤뿐만 아니라 낮에도 전파와 다른 형태의 전자기파를 포착하여 천체를 관측할 수 있어요. 항성들은 모든 형태의 전자기파를 언제나 쉴 새 없이 방출해요. 또한 항성들은 밤뿐만 아니라 낮에도 빛을 내며 반짝반짝 빛나고 있지만, 우리는 태양 빛이 너무 밝으므로 낮에 항성들을 관측할 수 없지요. 하지만 낮에 태양빛이 아무리 밝더라도, 우리는 전파 망원경을 이용하면 항성들과 다른 천체들이 방출하는 전자기파를 포착하여 항성들과 다른 천체들을 낮에도 관측할 수 있답니다.

또한 전파와 다른 전자기파를 포착하는 전파 망원경을 이용하면, 빛을 거의 내지 않는 천체들도 관측할 수 있어요. 게다가 빛을 내지 않아서 눈에 보이지는 않지만, 일정한 간격을 두고 주기적으로 빠른 전파나 전자기파를 방출하는 천체인 펄사도 발견할 수 있지요. 심지어 주변에 주기적으로 방출하는 전자기파를 관측하여 블랙홀도 발견할 수 있답니다.

펄사

전파(라디오파) | 적외선

가시광선

우주선을 발사해요!

우리는 여러 가지 다양한 종류의 천체 망원경을 이용하여 우주 공간에 존재하는 많은 천체를 발견할 수 있지만, 20세기 중반 이후로는 또 다른 방법으로 우주 공간을 탐험해 왔어요. 이제 우리는 우주 공간으로 우주선을 발사하여 태양계에 존재하는 위성들과 다른 행성들을 자세히 살펴보고 정확하게 조사할 수 있지요. 인류가 최초로 지구를 떠나서 이렇게 대담하게 우주 공간에 존재하는 천체들을 자세히 살펴볼 수 있는 여정들은 1960년대에 시작되었답니다.

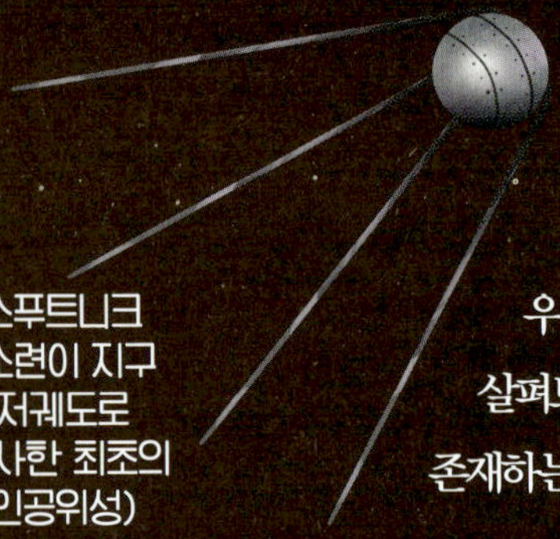

스푸트니크
(소련이 지구 저궤도로 발사한 최초의 인공위성)

우주 개발 경쟁

지구에서 우주로 발사된 첫 번째 인공위성은 약간 작은 은색 농구공처럼 보였어요. 이 인공위성은 스푸트니크라고 불렸는데, 1957년에 소련이 지구 저궤도로 발사했지요. 소련이 세계 최초로 발사한 인공위성인 스푸트니크는 90분마다 지구 주위를 한 바퀴 공전했으며, 3개월 동안 지구 주위를 전체 1,440바퀴 공전했답니다.

소련이 세계 최초로 인공위성 스푸트니크를 발사하면서, 소련과 미국 사이에서는 우주 공간을 점점 더 많이 성취하기 위해 경쟁하는 '우주 개발 경쟁'이 시작되었어요. 소련은 1961년에 최초로 우주비행사가 탑승한 유인 우주선을 우주 공간으로 발사했고, 1965년에 최초로 우주비행사가 우주를 공간을 비행하는 중에 우주선 밖으로 나와 무중력 상태에서 이리저리 떠돌아다니며 우주를 유영하였고, 1966년에 최초로 우주 탐사선이 달에 착륙하여 최초로 달의 뒤편을 관측했지요. 하지만 미국은 1969년에 우주비행사 2명이 탑승한 유인 우주선 아폴로 11호를 발사하여 달에 착륙시키면서 소련을 앞질렀답니다.

최초로 달에 착륙한 유인 우주선 아폴로 11호(미국)

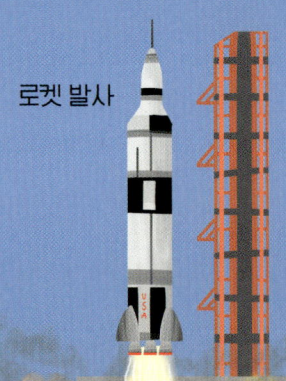

로켓 발사

달 착륙

지구에 존재하는 어떤 생명체가 우주 공간으로 발사되어 우주 공간에 존재하는 또 다른 천체에 착륙했던 사건은 처음 일어난 일이었어요. 달에 착륙한 우주비행사들은 처음으로 달의 모습들을 다양하게 촬영하고, 달의 표면 온도를 측정하며, 달에서 암석과 먼지를 수집했어요. 달에서 수집한 암석 표본들을 자세히 살펴보고 조사하면, 지구와 다른 행성들을 구성하는 물질과 초기 태양계를 제대로 파악할 수 있지요. 또한 우주비행사들이 달에서 암석 표본들을 수집해 온 지 50여 년이 지난 지금도 달에서 수집한 이 암석 표본들을 자세히 살펴보며 조사하고 있답니다.

★유명한 주요 인물탐구★

유리 가가린

소련의 우주비행사 유리 가가린은 소련 공군에서 비행사 훈련을 받은 후에 인류로서 최초로 지구의 공전 궤도에 진입하여 지구 주위를 공전하는 우주 비행을 하게 되었어요. 유리 가가린은 보스토크 1호라고 불리는 아주 작은 유인 캡슐에 탑승하여 지구의 공전 궤도에 진입했어요. 그런 다음 우주 공간에서 89분 동안 머무르며 지구 주위를 한 바퀴 공전한 후에 다시 지구로 돌아왔지요. 지구로 되돌아온 유리 가가린은 아주 작은 유인 캡슐에서 낙하산을 타고 탈출하여 들판으로 안전하게 착륙했답니다.

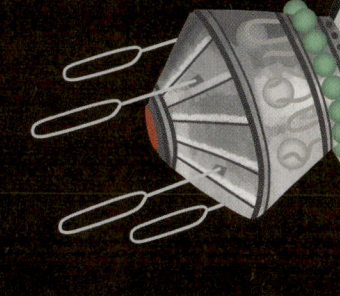

보스토크 1호 (소련이 세계 최초로 발사한 1인승 유인 우주선)

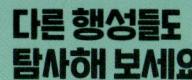

다른 행성들도 탐사해 보세요

세계 최초로 발사된 유인 우주선은 달 뒤편에 착륙하여 달을 탐사했지만, 그렇다고 해서 오로지 유인 우주선만 발사하여 오직 달만 탐사하지는 않았어요. 우주비행사가 탑승하지 않고 로봇 기술로 원격에서 조종하는 무인 우주선도 발사되어 초기에는 금성과 화성을 탐사하고, 나중에는 목성과 토성과 수성도 탐사했어요. 이렇게 무인 우주선이 발사되기 전까지는 사람들이 다른 행성들을 거의 제대로 파악하지 못했지요. 사람들은 여전히 금성이 질퍽질퍽한 늪이 많고 열대지방과 비슷한 세계일 거라고 생각했으므로, 금성으로 발사된 첫 번째 무인 우주선은 물에 착륙하게 되었답니다!

107

로봇 기술로 탐색해 보세요

우주비행사가 탑승하지 않고 로봇 기술로 원격 조종하는 무인 우주선을 우주 공간으로 발사하여 여러 행성을 탐색하는 방법은 우주비행사가 탑승한 유인 우주선을 우주 공간으로 발사하여 여러 행성을 탐색하는 방법보다 훨씬 더 쉽고 안전해요. 우주비행사가 탑승하지 않고 로봇 기술로 원격 조종하는 무인 우주선은 어떠한 음식이나 공기가 전혀 존재하지 않는 곳에서도 아주 오랫동안 머물러서 이리저리 살펴보며 자세히 탐색할 수 있어요. 또한 우주비행사가 탑승하지 않고 로봇 기술로 원격 조종하는 무인 우주선은 아주 위험한 상황에서도 잘 견디어 낼 수 있고, 우주에서 지구로 다시 돌아오는 방법을 절대 놓치지 않고 지구까지 안전하게 되돌아올 수 있지요! 이렇게 우주비행사가 탑승하지 않고 로봇 기술로 원격 조종하는 무인 우주선 덕분에 우리는 어떤 다른 방법으로도 학습하지 못했던 태양계를 아주 자세히 파악해 낼 수 있었답니다.

금성은 산성 물질을 포함하며 노란빛을 띠는 하늘이 존재하고, 하늘 아래에는 모든 걸 태워 버릴 듯이 몹시 뜨거운 표면층이 존재하지요.

화성은 표면에 크고 작은 분화구들이 존재하고, 표면 대부분이 불그스름한 갈색의 미세먼지와 암석들로 덮여있지요.

화성 탐사선 큐리오시티 로버는 심지어 탑재 카메라를 이용해 붉은 행성인 화성의 표면을 이리저리 돌아다니며 천천히 풍경을 촬영했지요!

★유명한 주요 인물탐구★
큐리오시티 로버

큐리오시티 로버는 지금까지 화성에 보낸 탐사선 가운데 가장 크고 성능이 가장 뛰어난 탐사선이에요. 2012년 8월 이후로 큐리오시티 로버는 화성 표면을 이리저리 돌아다니며 화성 표면에 좁은 면적으로 구멍을 뚫어서 화성 내부에 존재하는 암석 표본을 채취하여 주요 성분을 파악했어요. 큐리오시티 로버가 암석 표본을 채취하여 주요 성분을 파악한 목적은 화성이 한때 생명체가 존재하기에 적합한 환경 조건을 갖추었는지를 발견하기 위해서이지요. 또한 큐리오시티 로버는 크기가 소형차 정도만큼 크고, 키가 농구 선수 정도만큼 크답니다.

우주 탐사선 착륙

우주 공간으로 발사된 어떤 우주 탐사선들은 우주 공간을 통해 또 다른 행성의 공전 궤도나 달과 같은 위성의 공전 궤도에 진입하여 행성이나 위성 주위를 공전하면서 행성이나 위성의 모습들을 여러 가지로 다양하게 촬영하여 정보들을 수집하고, 행성이나 위성의 표면 온도를 측정하며 관찰하지요. 또 다른 어떤 우주 탐사선들은 착륙선을 탑재하여 암석형 행성의 표면으로 착륙할 수 있고, 심지어 암석형 행성의 표면에서 훨씬 더 많은 정보도 수집할 수 있어요. 게다가 어떤 착륙선들은 한 장소에 머물러서 정보를 수집하지만, 또 다른 어떤 착륙선들은 '방랑자'처럼 정한 곳 없이 이리저리 돌아다니면서 먼지와 암석 표본을 수집하고, 사진을 촬영하며, 여러 장소로 이동하여 행성이나 위성의 표면 온도를 측정하지요.

하지만 모든 우주 탐사선과 착륙선이 행성과 위성에 착륙하지는 않아요. 어떤 우주 탐사선과 착륙선들은 혜성과 소행성에 착륙하고, 또 어떤 우주 탐사선과 착륙선들은 심지어 혜성의 꼬리에서 먼지를 채취하여 다시 지구로 돌아오기도 한답니다.

로제타
무인 착륙선 필레를 탑재하여 발사된 로제타 탐사선은 주류모프-게라시멘코 혜성에 가까이 다가가서 무인 착륙선 필레를 착륙시키고, 혜성의 표면을 연구했어요.

무인 착륙선 하위헌스를 탑재하여 발사된 카시니-하위헌스 탐사선은 토성 무인 탐사선으로서 13년 동안 토성 주위를 공전하며, 토성과 토성의 위성들과 토성의 고리 체계 등을 연구했어요.

뉴 허라이즌스 탐사선은 2015년에 첫 번째로 명왕성에 가까이 다가가서 명왕성의 표면을 자세히 촬영한 후에 촬영한 사진들을 지구로 보내줬어요.

무인 착륙선 하위헌스를 탑재하여 발사된 카시니 탐사선은 2005년에 토성의 위성 가운데 가장 큰 위성인 타이탄에 무인 착륙선 하위헌스를 착륙시켰어요. 이를테면 지금까지 무인 착륙선을 착륙시킨 사건 가운데 가장 멀리 떨어져 있는 천체에 착륙시킨 역사적 사건이지요.

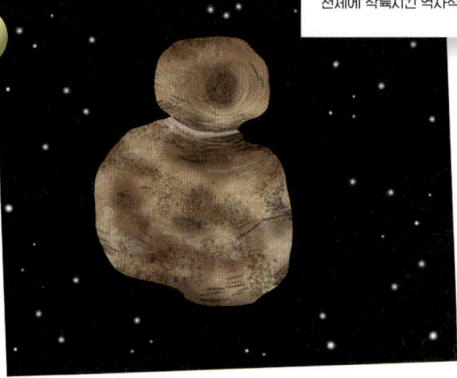

뉴 허라이즌스 탐사선은 2019년에 카이퍼대에 존재하는 해왕성 바깥 소행성인 아로코스에 가까이 접근하면서 아로코스의 모습을 촬영하며 탐험했어요. 이때 뉴 허라이즌스 탐사선이 탐험한 아로코스는 태양계 끝으로 가장 멀리 떨어져 있는 천체이지요.

계속해서 지구로 정보를 보내주는 우주 탐사선

우주 탐사선들은 무선 통신 시스템을 이용하여 자신들이 수집한 정보들을 계속해서 지구로 되돌려 보내줬어요. 이때 우주 탐사선들이 계속해서 지구로 되돌려 보내준 정보들에는 행성의 표면을 촬영한 사진과 비디오 영상, 행성의 표면이나 대기를 구성하는 화학 물질을 연구하고 조사한 보고 자료, 행성의 표면 온도나 자기장이나 행성에서 찾아볼 수 있는 다른 환경 조건들 등이 포함될 수 있답니다.

우리가 속한 태양계

우리 태양계에는 8개의 행성들, 수백 개의 위성들, 수십억 개의 소행성과 혜성들이 존재해요. 우리 태양계에 존재하는 여러 가지 다양한 행성들을 자세히 살펴보면 다른 항성(별)들 주위에 어떤 행성들이 어떻게 형성될 수 있는지에 관한 정보를 제대로 파악할 수 있지만, 또한 우리 태양계에 존재하지 않는 다른 행성들에 관한 정보도 제대로 파악할 수 있답니다.

소행성대
태양으로부터의 거리: 3억 3천만 – 4억 7천 9백만 km
천체의 수: 1백만 개
천체들 사이의 거리: 965,600km

태양
반지름(중심부에서 가장자리까지): 695,700km

지구
유형: 암석형 행성
반지름: 6,378km
하루: 24시간
1년: 365일
위성의 수: 1개
태양으로부터의 거리: 1억 5천만 km

금성
유형: 암석형 행성
반지름: 6,052km
하루: 2,802시간
1년: 225지구일
위성의 수: 0개
태양으로부터의 거리: 1억 8백만 km

화성
유형: 암석형 행성
반지름: 3,396km
하루: 25시간
1년: 687지구일
위성의 수: 2개
태양으로부터의 거리: 2억 2천 8백만 km

수성
유형: 암석형 행성
반지름: 2,440km
하루: 4,223시간
1년: 88지구일
위성의 수: 0개
태양으로부터의 거리: 5천 8백만 km

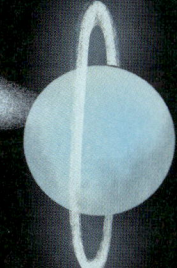

천왕성
유형: 거대한 얼음형 행성
반지름: 25,559km
하루: 17시간
1년: 30,589지구일
위성의 수: 27개
태양으로부터의 거리: 28억 7천 2백 5십만 km

해왕성
유형: 거대한 얼음형 행성
반지름: 24,764km
하루: 16.1시간
1년: 59,800지구일
위성의 수: 14개
태양으로부터의 거리: 44억 9천 5백만 km

토성
유형: 거대한 기체형 행성
반지름: 60,268km
하루: 11시간
1년: 10,747지구일
위성의 수: 82개
태양으로부터의 거리: 14억 3천 3백 5십만 km

목성
유형: 거대한 기체형 행성
반지름: 71,492km
하루: 10시간
1년: 4,331지구일
위성의 수: 79개
태양으로부터의 거리: 7억 7천 9백만 km

그림은 실제 크기와 실제 거리가 아니에요

이 페이지에서 나타낸 천체들의 그림만 봐서는 태양과 행성들과 위성들이 또 다른 천체보다 크기가 실제로 얼마나 큰지를 정확히 비교할 수 없고, 태양과 행성들과 위성들이 실제로 서로 얼마나 멀리 떨어져 있는지도 제대로 파악할 수 없어요. 사실 해왕성은 실제로 태양에서 45억 km 정도 떨어져 있어요. 만약에 태양이 이 페이지에서 나타낸 그림 정도의 크기라면, 이 페이지에서 나타낸 지구의 그림은 가로지름이 겨우 2mm 정도에 불과하고 태양에서 단지 21m 정도 떨어져 있을 거예요. 또한 이 페이지에서 나타낸 해왕성의 그림은 태양에서 600m 이상 떨어져 있을 겁니다.

물질과 공간 : 쿼크부터 은하까지

모든 물질은 쿼크와 전자들로 이루어져 있어요. 또한 모든 물질은 모두가 시간과 공간에서 1백만 분의 1초 안에 존재하게 되었지요. 하지만 쿼크부터 은하에 이르기까지 모든 물질 대부분은 빈 공간이 존재해요. 게다가 쿼크는 크기가 상상할 수 없을 정도로 아주 작고, 은하와 은하단들은 크기가 이해하고 파악하기 힘들 정도로 어마어마하게 거대하답니다.

크기가 얼마나 작은가요?

쿼크는 모든 원자의 중심핵을 형성하는 양성자와 중성자를 구성해요. 수소 원자는 중심핵에 쿼크 3개로 구성된 양성자 하나만을 가지고 있어요. 하지만 수소 원자핵을 구성하는 양성자에는 빈 공간이 아주 많이 존재하므로, 양성자의 크기는 가로지름이 쿼크 하나 가로지름의 1,000배에서 2,000배 정도 되는 크기랍니다.

만약에 그림에서 나타낸 이 점 정도의 크기가 쿼크라면, 수소 원자핵의 크기는 가로지름이 거의 여러분의 키 정도 될 거예요. 실제로 수소 원자핵의 가로지름은 그림에서 나타낸 이 크기 정도 되는 점들을 무려 1조 개 정도나 한 줄로 나열할 수 있는 크기랍니다.

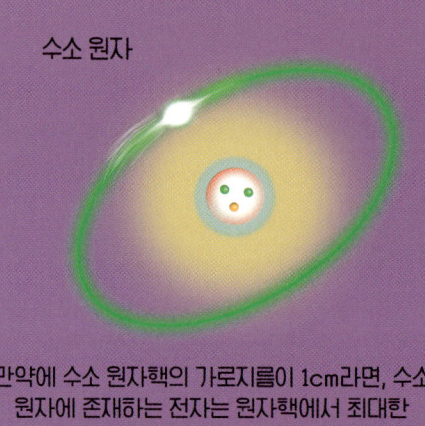

수소 원자

수소 원자는 수소 원자핵 주위를 잽싸게 빙글빙글 도는 전자를 하나 가지고 있지만, 일반적으로 전자는 중심부에 존재하는 수소 원자핵에서 아주 멀리 떨어져 있어요. 수소 원자핵에서 아주 멀리 떨어져 있는 전자와 수소 원자핵 사이의 실제 거리를 이 페이지에서는 사실 그림으로 나타낼 수 없으므로, 수소 원자핵 가까이에 전자를 그려놓고 예를 들어 설명한 겁니다. 하지만 수소 원자의 실제 크기는 여전히 매우 작아요. 만약 세상에 존재하는 모든 사람이 수소 원자만 한 크기이며 모두가 한 줄로 나란히 서 있다면, 세상에 존재하는 모든 사람이 한 줄로 늘어선 길이는 겨우 80cm 정도밖에 되지 않을 겁니다.

만약에 수소 원자핵의 가로지름이 1cm라면, 수소 원자에 존재하는 전자는 원자핵에서 최대한 600m 정도까지 떨어져 있을 거예요.

수소 원자핵   600 m   전자

물질을 구성하는 분자

원자들은 서로 다른 원자들과 결합하여 분자를 만들어요. 이때 형성된 분자들 가운데 어떤 분자들은 물이나 이산화탄소처럼 서로 다른 원자들 2개나 3개 정도만으로 결합해 있어서 크기가 작고 형태가 단순해요. 또한 다른 어떤 분자들은 서로 다른 원자들 수천 개 정도가 결합해 있어서 크기가 거대하지요. 하지만 분자들은 여전히 크기가 너무 작아서 우리가 맨눈으로 직접 관측할 수 없답니다.

일단 물질을 구성하는 분자들이 서로 모여 합쳐지기 시작하면, 물질은 크기와 무관하게 계속해서 성장할 수 있어요. 이를테면 테니스공, 코끼리, 산맥, 달, 행성, 별 등 이 모든 물질은 여러 가지 다양한 방식에서 서로 모여 합쳐진 분자들로 구성되어 있어요. 또한 모든 물질을 구성하는 분자는 다시 원자로 분해될 수 있지요. 이러한 원자들은 양성자와 중성자와 전자로 이루어져 있고, 양성자와 중성자는 쿼크로 이루어져 있어요. 심지어 은하계도 쿼크와 전자로 이루어져 있고, 빈 공간이 아주 많이 존재한답니다!

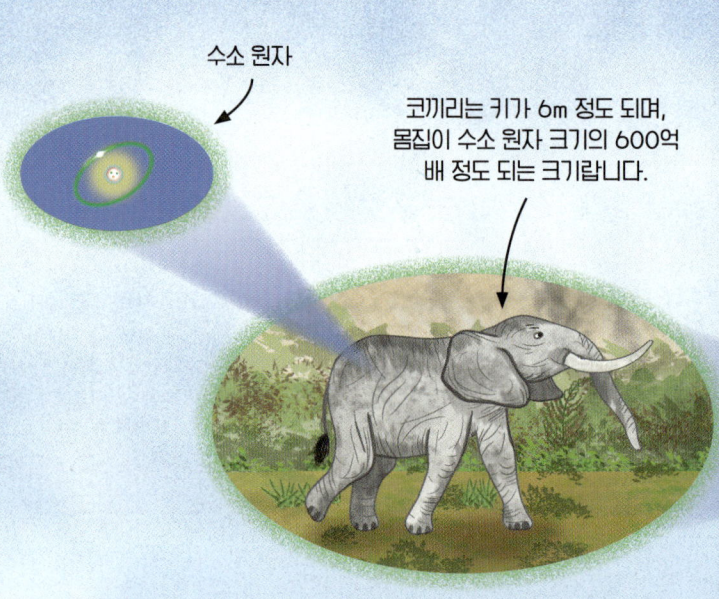

수소 원자

코끼리는 키가 6m 정도 되며, 몸집이 수소 원자 크기의 600억 배 정도 되는 크기랍니다.

우리 은하는 우주에서 관측할 수 있는 최소 1천억 개의 은하 가운데 유일하게 하나 존재하며, 우리 태양계가 포함되어 있는 은하예요. 우주에 존재하는 우리 은하를 자세히 관측하여 생생히 살아 있는 우리 은하의 모습을 그대로 촬영하였는데, 촬영한 사진에는 각각 짧고 재미있게 설명하며 쉽고 정확한 지식을 선사해 주는 캡션이 딸려 있지요. 또한 캡션 하나는 다른 캡션으로 이어지고, 다른 캡션은 또 다른 캡션으로, 또 다른 캡션은 이와 또 다른 캡션으로 계속 이어진답니다.

여러분은 알고 있었나요?

우주에는 원자가 10^{80}개 정도 존재한다고 알려져 있어요. 이때 10^{80}이라는 의미는 숫자 1 뒤에 '0'이 80개가 붙는 수치랍니다.

우리 은하는 가로지름이 대략 200,000광년 정도 될 거예요. 또한 우리 은하의 가로지름은 우리 지구가 속한 태양계의 가로지름보다 50,000배 정도가 더 넓게 퍼져 있답니다.

우리 지구가 속한 태양계는 가로지름이 대략 4광년 정도 되지요. 또한 태양계의 가로지름은 지구의 가로지름보다 625,000,000배 정도가 더 넓게 퍼져 있답니다.

지구는 가로지름이 거의 6,400km 정도 되지요. 또한 지구의 가로지름은 에베레스트산의 높이보다 723배 정도가 더 넓게 퍼져 있답니다.

에베레스트산은 높이가 거의 8,850m 정도 되지요. 또한 에베레스트산의 높이는 코끼리의 키보다 1,475배 정도가 더 높답니다.

생명체가 존재하는 행성을 찾아보세요

우리 은하에는 행성이 무려 수천억 개 정도나 존재하고 있어요. 이렇게 수천억 개에 달하는 행성들 가운데 생명체가 존재하는 행성은 아마도 우리 지구뿐만이 아닐 거예요. 하지만 실제로 우리는 어떤 다른 행성에 어떤 생명체가 존재하는지를 아직 확실히 파악하지 못하고 있지요. 과학자들은 생명체가 살아가기에 적합할 수 있는 지구의 환경 조건들을 자세히 살펴보면서 우주에 존재하는 행성들 가운데 지구의 환경 조건과 유사한 행성들을 찾아 탐색하며, 지구의 환경 조건과 유사한 행성들에도 생명체가 존재하는지 파악하기 위해 행성들을 여기저기 찾아다니고 있답니다.

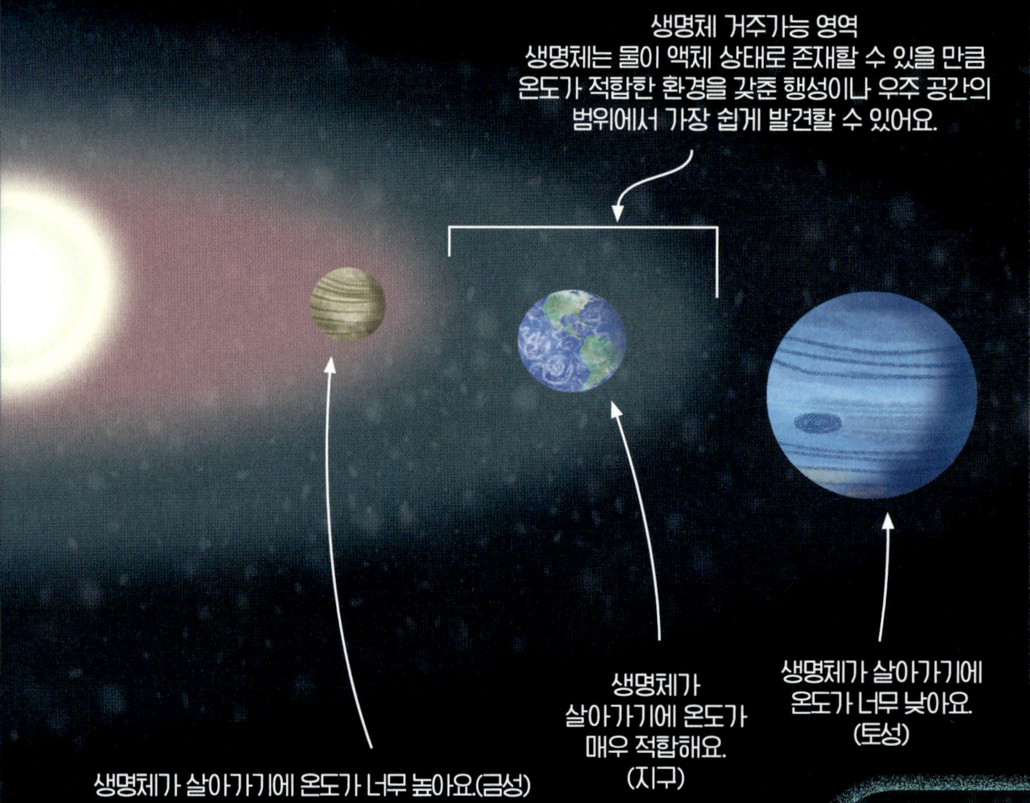

생명체 거주가능 영역
생명체는 물이 액체 상태로 존재할 수 있을 만큼 온도가 적합한 환경을 갖춘 행성이나 우주 공간의 범위에서 가장 쉽게 발견할 수 있어요.

생명체가 살아가기에 온도가 너무 높아요.(금성)

생명체가 살아가기에 온도가 매우 적합해요. (지구)

생명체가 살아가기에 온도가 너무 낮아요. (토성)

생명체가 탄생하기는 쉬울까요, 어려울까요?

생명체가 얼마나 쉽게 탄생하여 계속 진화되어 가는지를 정확하게 설명할 수는 없어요. 일단 생명체는 태양계에 존재하는 행성들 가운데 유일하게 지구에서만 존재할 것 같지요. 하지만 생명체는 지구가 형성된 지 얼마 되지 않아 지구에서 탄생하게 되었어요. 지구가 형성되자마자 지구에서 생명체가 탄생하였다는 의미는 생명체가 매우 쉽게 탄생한다는 뜻이에요. 하지만 생명체가 탄생하여 여러 종류로 폭넓게 진화되기까지는 무려 40억 년이나 걸렸지요. 어쩌면 생명체가 탄생하는 경우보다 탄생한 생명체가 여러 종류로 폭넓게 진화되는 경우가 훨씬 더 어려울 수도 있답니다.

지구 근처 어딘가에 생명체가 존재할까요?

태양계에 존재하는 행성들 가운데 지구처럼 여러 가지 다양하고 복잡한 생명체가 존재하는 행성은 다른 어디에도 없을 것 같지요. 하지만 지구와 가까운 어딘가에서 미생물이 여전히 존재할 수도 있어요. 또한 과거에는 다른 행성들에서도 지구와 마찬가지로 생명체가 존재했을 수도 있어요. 금성은 아마 7억 년 전까지만 해도 환경이 지구와 매우 유사했을 거예요. 그렇다면 7억 년 전까지 금성에는 생명체가 존재했을까요? 글쎄요, 7억 년 전까지 금성에 생명체가 존재했을지는 아무도 정확히 모른답니다.

거대한 기체형 행성들 주위를 공전하는 위성들 가운데 어떤 위성들은 표면층 아래에 어마어마하게 광대한 해양을 갖고 있어요. 지구에 존재하는 생명체는 수십억 년 동안 해양에서 계속 머무르며 지냈으므로, 아마도 어딘가 해양이 존재하는 다른 천체에서도 생명체가 해양에서 계속 머무르며 지냈을 거예요. 이를테면 토성 주위를 공전하는 위성인 엔셀라두스에서는 해양이 발견되었으므로, 아마 엔셀라두스도 지구와 마찬가지로 해양에서 계속 머무르며 지내는 생명체가 존재했을 수 있답니다.

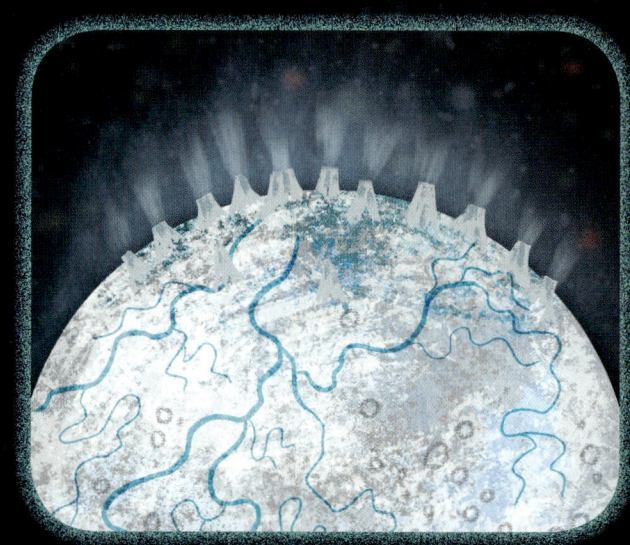

엔셀라두스는 물과 얼음이 솟구쳐 나오는 얼음 화산으로 가득하므로, 우리 태양계에서 생명체가 존재할 수 있는 천체랍니다.

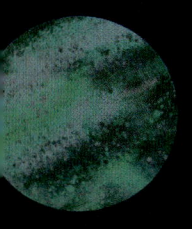   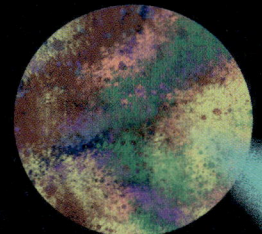

지구에서 아주 멀리 떨어져 있는 외계 행성

태양계 밖에 있는 항성 주위를 공전하는 행성을 '외계 행성'이라고 부르지요. 천문학자들은 잠시 항성에서 희미하게 어두워지는 부분을 자세히 관측하면서 외계 행성이 얼마나 큰지, 외계 행성이 항성에서 얼마나 멀리 떨어져 항성 주위를 공전하고 있는지, 외계 행성이 암석형 행성인지 아니면 기체형 행성인지를 파악해냈어요. 만약에 외계 행성이 물이 액체 상태로 존재할 만큼 온도가 적합하고 따뜻한 환경 조건을 갖추었다면, 외계 행성은 아마도 지구와 마찬가지로 생명체가 존재할 수도 있을 겁니다.

우리는 외계 행성을 찾아낼 수 있어요. 이를테면 외계 행성이 항성 주위를 공전하면서 항성 앞을 지나가는데, 이때 잠시 항성(별)에서 희미하게 어두워지는 부분이 바로 외계 행성이 위치하고 있다는 표시랍니다.

외계 행성

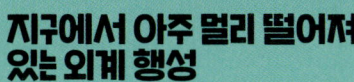

보이저 1호(태양계 무인 탐사선)

외계 생명체를 찾아보세요

비록 별들이 자연스럽게 전파를 발생하지만, 우리가 지구에서 발생시키는 전파는 종류가 매우 다양해요. 만약에 또 다른 행성에 존재하는 생명체들도 뛰어난 기술을 갖추고 있다면, 이 생명체들은 우리가 찾아내고 인식할 수 있는 전파 신호들과 유사한 전파 신호들을 만들어 낼 수도 있어요. 또한 우리가 항성에서 희미하게 어두워지는 부분을 관측하며 외계 행성을 찾아내듯이, 지구에서 아주 멀리 떨어져 있는 외계인들 역시 전파 망원경을 이용하여 태양에서 희미하게 어두워지는 부분을 관측하며 지구를 찾아낼 수도 있답니다.

외계인에게 보내는 메시지

우주 탐사선 4대는 우주 공간에서 만나 볼 수도 있는 외계인들에게 보내는 메시지를 싣고서 아주 먼 우주 공간으로 발사되었어요. 또한 우주 탐사선 4대는 각각 자신들이 어디에서 왔는지, 자신들을 소개하는 인사말을 새긴 명판을 싣고 있지요. 우주 탐사선 4대 가운데 가장 멀리 날아간 우주 탐사선 보이저 1호는 이미 태양계를 벗어나서 수십억 년 동안 계속 더 멀리 날아갔을 거예요. 게다가 우주 탐사선 보이저 1호와 보이저 2호는 특별히 지구의 모습들뿐만 아니라 지구에 존재하는 생명체와 문화의 다양성을 알리기 위해 소리와 사진으로 기록한 축음기 음반인 '보이저 금제 음반'(지구의 각종 정보와 메시지를 담은 녹음 재생 장치인 골든 레코드)을 싣고 있답니다.

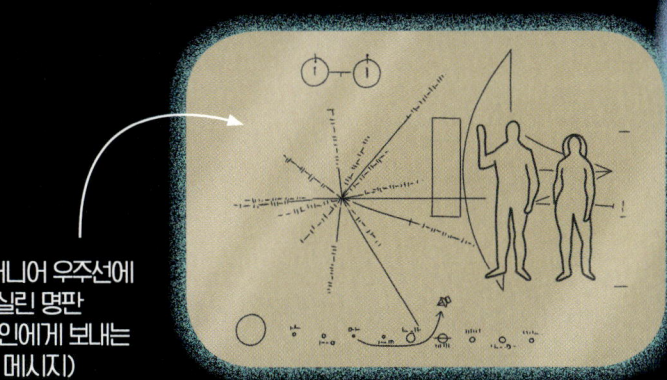

파이어니어 우주선에 실린 명판 (외계인에게 보내는 메시지)

우주의 미래

인류는 우주 공간을 탐험하기 시작했지만, 우주 공간에는 인류가 좀 더 자세히 탐험하고 파악해야 할 신비로운 일들이 아직도 훨씬 더 많이 남아 있어요. 과학자들은 우리가 우주를 모험하면서 태양계와 우주가 어떻게 형성되었는지, 또한 이와 마찬가지로 우리 은하와 우주의 다른 부분들도 어떻게 형성되었는지에 관한 정보들을 점점 더 많이 밝혀내기를 바라고 있지요.

우주여행의 목적지

지구를 벗어나서 우주를 여행하기는 실제로 너무 힘들어요. 우주 공간에서는 목적지가 어디든 간에 목적지에 도착하기까지 시간이 너무 오래 걸리기 때문이지요. 이를테면 화성은 우리가 방문할 수 있는 행성들 가운데 지구와 가장 가까운 행성이에요. 그런데도 지구에서 출발하여 화성을 여행하고 나서 다시 지구로 돌아오기까지는 대략 2년 정도가 걸릴 거예요. 이런 이유로 우주 공간에서 특정 목적지를 훨씬 더 오랫동안 여행하기 위해서는 우주를 식민지화하는 계획을 세워서 화성에 일시적으로 이주하고 달이나 달 근처에 우주 기지를 세우려는 목표를 잡아야 한답니다. 미래에는 태양계에 존재하는 위성들 가운데 일부 위성들에도 좀 더 많은 우주 탐사선을 보내서 이러한 일부 위성들에서도 생명체가 존재할 수 있는지를 파악해내고, 초기 태양계의 환경 조건들에 관해서도 좀 더 자세히 학습해야 할 겁니다.

태양계보다 훨씬 더 나이가 많은 행성

우리 태양계의 나이는 그저 우주 나이의 4분의 1 정도밖에 되지 않았어요. 그래서 아마도 우주 공간에는 우리 태양계보다 훨씬 더 오래된 행성들이 많이 존재할 수도 있어요. 또한 우리 태양계보다 훨씬 더 오래된 행성들은 수백만 년이나 수십억 년 전부터 우리 태양계보다 앞서서 지적인 생명체가 존재하고 매우 발달된 기술을 갖추고 있을 수도 있지요. 심지어 놀라운 기술이 발달하고 있는 천체에서 생활하는 지적인 생명체는 오히려 우리가 기술을 발달시키는 모습을 지켜보고 있을 수도 있답니다.

또 다른 행성에서도 에너지가 필요하다면, 태양 전지판을 이용하여 태양에서 오는 빛에너지를 흡수해야 에너지를 생성할 수 있어요.

소행성 채굴

소행성을 채굴해요, 모두 채굴해봐요!

어떤 과학기술 연구기관들은 우주에 존재하는 암석들을 수집하여 자세히 살펴보면서 귀중한 광물과 금속들을 채굴할 수 있을지 가능성을 파악하고 있어요.
또한 소행성을 제대로 연구하기 위해서 다른 실험적 기법을 이용하여 지구와 충돌할 것처럼 보이는 소행성을 다른 방향으로 돌리거나 파괴하려고 노력하고 있답니다.

만약에 인류가 어떤 또 다른 행성에서도 살아갈 수 있다면, 인류는 지구와 거의 유사한 환경 조건에서 식량 작물을 재배해야 할 거예요.

지구에서 다른 행성으로 옮겨 가요

요즘 현대인들은 자원을 이용하면서도 오염 폐기물을 계속해서 발생시키고 있고, 기후 변화를 일으킬 정도로 지구의 온도를 높이며 지구에 아주 많은 부담을 주고 있어요. 그래서 어떤 사람들은 차라리 우선 지구를 떠나 다른 행성으로 옮겨 가야 한다고 생각하기도 하지요.
하지만 태양이 아닌 또 다른 항성 주위를 공전하는 행성으로 옮겨 가기까지는 시간이 어마어마하게 오래 걸릴 거예요. 그래도 한 가지 가능성이 있다면, 화성처럼 지구와 가까운 행성을 '지구처럼 만드는 방법'을 택할 수도 있어요. 이때 화성처럼 지구와 가까운 행성을 지구처럼 만든다는 의미는 우리가 옮겨 간 행성이나 항성을 우리에게 적합한 환경 조건으로 바꾼다는 뜻이에요. 하지만 우리가 옮겨 간 행성이나 항성을 우리에게 적합한 환경 조건으로 바꾸기는 정말 힘든 도전이지요. 그래도 우리가 혹시 모를 은하계 어딘가에 어떤 다른 문명이 발달하고 있을 수도 있어요. 또 다른 은하계에서 지적인 생명체가 이미 놀라운 기술을 갖추고 별들 사이를 여행하거나, 심지어 다른 행성들을 선택하여 필요에 따라 자신들에게 적합한 환경 조건으로 바꾸고 있을 수도 있답니다.

머지않아 많은 일들이 일어날지도 몰라요

우리는 지금까지 우주가 어떻게 탄생하여 성장했는지를 매우 자세히 다루면서 제대로 학습했고, 심지어 우리 태양계에 관해서도 명확하게 학습했어요. 하지만 우리는 과연 미래에 우주에서 어떤 일들이 벌어질지 아무도 확실하게 파악하지 못하지요. 심지어 우리는 우주에서 일어나는 상당히 많은 일이 영원히 계속될지, 아니면 영원히 끝날지를 정확하게 파악하지도 못한답니다.

과연, 우주는 멸망할까요?

우주 과학자들은 미래에 우주에서 어떤 일들이 벌어질지를 설명하기 위해 우주 멸망 가설을 크게 세 가지(빅 크런치, 빅 프리즈, 빅 립)로 나누어서 주장하고 있어요.

한가지 가설은 우주 팽창을 막을 정도로 중력이 강하게 작용하여 우주의 모든 부분을 다시 우주의 중심부 쪽으로 끌어당겨 '빅 크런치(우주 대수축)' 현상이 일어날 수 있다는 이론이에요. 이때 빅 크런치 현상은 우주의 시작인 빅뱅(우주 대폭발)이 발생하면서 우주가 팽창하는 현상과 반대로 온 우주가 한 점으로 축소되면서 멸망한다는 가설이지요. 결국 멀리 퍼진 모든 은하와 블랙홀이 어딘가 한 점으로 다시 모일 때까지 모든 블랙홀이 서로 합쳐져서 초거대 블랙홀을 형성하고, 우주에 존재하는 모든 물질이 다 함께 초거대 블랙홀로 점점 더 빠르게 빨려 들어가서 결과적으로 우주가 없어진다는 이론이에요. 또한 이때 원자들은 존재해 있던 물질 밖으로 밀려날 거예요. 그 후에 새로운 빅뱅이 발생하면서 우주가 다시 '회복'되어 새로운 우주로 탄생할 수도 있답니다.

또 다른 가설은 위에서 설명한 빅 크런치(우주 대수축) 현상과 반대되는 개념인데, 우주가 끝도 없이 팽창하면서 결국 우주 팽창을 일으킬 에너지가 우주 공간에서 서서히 다 없어지게 될 거라는 이론이에요. 또한 우주가 끝도 없이 팽창하면서 별들을 만들어 낼 기체가 우주 공간에서 완전히 다 없어지게 되고, 결국 모든 우주 공간이 마치 얼어붙은 공간처럼 점점 더 차갑고 어둡고 황량한 공간으로 되면서 모든 생명체와 원자와 심지어 입자까지 멈춰버리게 될 거라는 가설이에요. 이러한 현상을 때로는 '빅 프리즈(평탄한 우주)'라고 부른답니다.

태양이 생을 마감할 시간

우리는 모든 우주 공간에서 어떤 일이 발생할지, 또는 어떤 일이 언제 발생할지를 확실하게 파악할 수 없지만, 지구와 태양의 운명은 정확하게 파악할 수 있어요. 이를테면 태양은 결국 융합 반응을 일으키는 헬륨 기체가 완전히 다 없어지게 되면서 적색 거성으로 변할 거예요. 태양은 적색 거성으로 변하여서도 점점 더 크게 성장하여, 마침내 생을 마감하면서 지구를 상상할 수 없을 정도로 매우 뜨겁게 달구며 파괴할 겁니다. 하지만 그렇다고 해서 너무 걱정하지 마세요. 태양은 타고난 수명 가운데 지금까지 살아온 수명이 아직 절반도 채 되지 않았으므로, 앞으로도 50억 년 이상을 계속 더 살아갈 수 있을 거예요. 만약에 그때까지도 인류가 여전히 존재한다면, 우리는 아마 지구가 아닌 다른 행성들을 찾아가서 그곳에서 살고 있을 거예요. 또한 어쩌면 다른 별들이나 심지어 다른 은하계에도 찾아갔을 수도 있지요. 이렇듯 우주 공간에서 신비롭게 펼쳐지는 우주 이야기는 아직도 여전히 놀라울 정도로 어마어마하게 많이 존재한답니다.

또한 마지막 가설은 우주 공간에 암흑 에너지가 과도하게 많아지면서 우주 공간을 팽창시키는 힘이 너무 커져 우주에 존재하는 모든 물질, 심지어 원자와 같은 입자들까지도 계속 팽창되어 찢어지기 시작하다가 결국에는 점점 더 계속 팽창되는 우주 공간마저 찢어지게 될 수 있다는 이론이에요. 이러한 현상을 우리는 '빅 립(Big Rip)'이라고 부른답니다.

양의 곡률로 휘어진 우주(닫힌 우주)

음의 곡률로 휘어진 우주(열린 우주)

편평한 우주

우주의 모양

우주 과학자들은 우주의 운명이 우주의 모양에 따라 달라진다고 주장해요. 만약에 우주가 공처럼 완전한 구형이라면, 우주는 닫혀 있어서 결국 빅 크런치 현상이 발생하여 다시 한 점으로 수축하고 찌그러지면서 붕괴할 거예요. 또한 만약에 지구가 편평하거나 말에 얹은 안장처럼 휘어져 있다면, 우주는 결국 빅 프리즈나 빅 립 현상이 발생하여 멸망하게 될 겁니다.

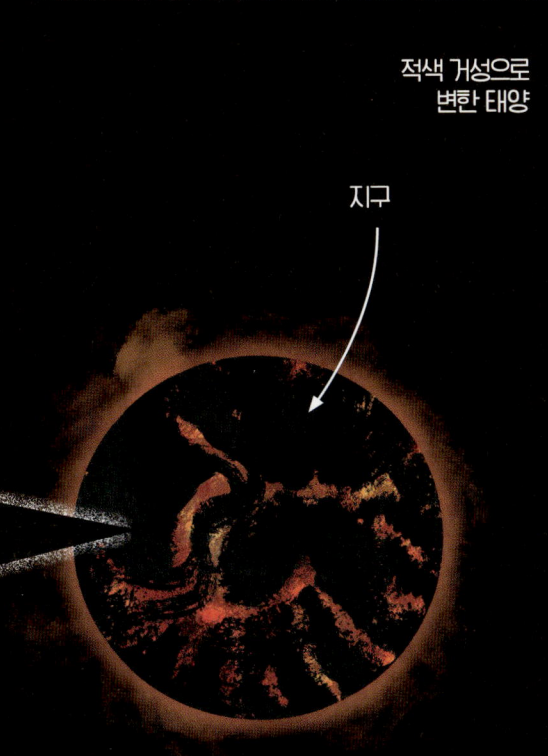

적색 거성으로 변한 태양

지구

우주의 연대표

우주는 처음에 믿을 수 없을 정도로 아주 작은 한 점에 불과했으나, 수십억 년에 걸쳐서 상상할 수 없을 정도로 엄청나게 광대하고 무궁한 공간으로 성장해 왔어요. 우리 입장에서는 우주 공간의 가로지름이 최소한 930억 광년 정도 될 거라고 파악하고 있지만, 사실 우주 공간의 가로지름은 930억 광년보다 훨씬 더 넓게 퍼져 있을 수 있답니다.

중성자

쿼크

과학자들은 시간을 거슬러 올라가서 맨 처음 빅뱅이 일어난 순간인 1032분의 1초에 도달하기 이전에 우주가 과연 어떤 모습이었는지를 확실하게 파악하지 못해요. 하지만 아주 짧은 시간인 1032분의 1초에 도달하는 순간, 특이점 상태에서 믿을 수 없을 정도로 아주 작은 한 점에 불과하며 순수 에너지로 가득 찼던 우주는 어딘가에서 갑자기 불쑥 탄생하였지요. 그러면서 난데없이 탄생한 우주는 한없이 엄청나게 뜨거워지고 우주 공간에 물질이 빽빽하게 밀집되었답니다.

전자

중력은 우주를 구성하는 에너지와 하나로 묶여 있던 4가지 힘(중력, 전자기력, 약력, 강력)에서 따로 분리되었어요.

우주가 계속해서 점점 더 급속도로 팽창하면서 더더욱 차갑게 냉각될 때, 물질을 구성하는 기본 입자로서 빅뱅이 일어난 순간 형성된 쿼크들은 서로 충돌하며 함께 무리를 지어 덩어리로 뭉쳐지기 시작했어요. 서로 결합한 쿼크들은 모든 원자핵을 이루는 양성자와 중성자를 형성했지요. 이때 형성된 양성자 하나가 수소 원자핵을 형성하면서, 수소 원자는 우주에 존재하는 원자 가운데 첫 번째로 원자핵이 형성되었답니다.

빅뱅과 우주 팽창

우주는 빅뱅이 일어나는 순간 급격하게 더더욱 팽창하면서 변화하기 시작했어요. 10억분의 1초도 채 되지 않는 아주 짧은 순간에 지구는 맨 처음 한 점에 불과했던 크기보다 무려 10^{26}배 정도나 팽창했지요. 이때 우주의 크기는 아마도 골프공만 한 크기로 팽창했을 거예요. 또한 우주는 급격하게 더더욱 팽창하면서 차갑게 냉각되었지요.

10억분의 1초도 채 되지 않는 아주 짧은 순간에 지구가 급격하게 팽창하면서 맨 첫 번째로 물질을 구성하는 기본 입자인 쿼크와 전자가 만들어졌어요. 이때 형성된 쿼크와 전자들은 서로 결합하기에 우주의 온도가 극도로 높았으므로 전자와 원자핵이 분리되어 있는 플라즈마 상태에서 빠른 속도로 돌아다녔지요.

양성자(수소 원자핵을 구성해요.)

*K(절대온도 단위, '캘빈'이라고 부른다)

| 시간 = 10^{-43}초 | 시간 = 10^{-32}초 = 10^{26}K | 시간 = 1초 | 시간 = 100초 |
| 절대온도 = 10^{32}K | 절대온도 = 10^{26}K | 절대온도 = 10^{10}K | 절대온도 = 1,000,000,000K |

1초 ─────────────────────────────────→ 3분 ─────

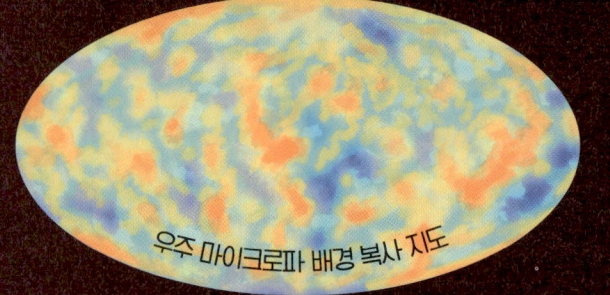
우주 마이크로파 배경 복사 지도

우주 마이크로파 배경 복사 지도는 초기 우주에 존재하는 물질과 에너지가 우주 공간 전체에 약간 고르지 않게 분포되어 있는 영역을 보여주고 있어요. 이때 물질과 에너지가 드문드문 빽빽하게 밀집되어 있는 영역은 기본적으로 우주 공간에서 별과 은하들을 성장시키는 뼈대가 되었답니다.

우주 암흑 시대의 시작

우주 공간에서 유일하게 빛이 번쩍인 후에 우주는 다시 캄캄하게 어두워졌어요. 캄캄하게 어두워진 우주 공간에는 아직 빛을 낼 만한 또 다른 무언가가 존재하지 않았지요.

항성은 중심부에서 거대한 압력을 받으며 핵융합 반응이 일어나기 시작했어요. 이때 수소 원자들과 헬륨 원자들이 서로 충돌하여 함께 달라붙으면서 더 무거운 원소들을 만들어내고 다른 전자기파와 빛을 쏟아냈답니다.

우주 암흑시대의 종말 (5억 년)

별들은 구름 띠 모양으로 길게 무리를 지어서 은하를 형성했어요. 이때 형성된 은하들은 서로 무리를 지어 우주 공간에 모여 있거나, 서로 무리를 지어 있는 상태에서 우주 공간 전체로 퍼져 나갔지요. 이때 형성된 은하들 가운데 어떤 은하들은 서로 충돌하여 합쳐졌고, 지금도 여전히 합쳐진 상태로 존재하고 있답니다.

물질이 가장 빽빽하게 밀집된 지점에서 수소 원자 구름과 헬륨 원자 구름은 중력의 영향을 받아 붕괴하였어요. 이때 첫 번째로 별이 탄생하게 될 겁니다.

별에서 방출되는 전자기파는 우주 공간에 존재하는 수소 원자에서 전자를 떼어냈고, 이때 빛이 번쩍이기 시작했어요. 마침내 어두웠던 우주 공간은 눈으로 관측할 수 있을 정도로 환해졌지요. 또한 만약 우주 공간에 무언가가 존재했었다면, 우리는 우주 공간에 존재했던 그 무언가를 관측할 수 있었을 겁니다.

시간 = 380,000년
절대온도 = 3,000K

380,000년 ⟶ 1억 년

어휘 해설

10억 100만의 1,000배(1,000,000,000)예요.

1조 100만의 100만 배(1,000,000,000,000)예요.

고밀도 물질이 작은 공간에서 빈틈없이 빽빽하게 모여 있는 상태를 의미해요.

광년 빛이 진공 상태에서 1년 동안 이동한 거리로서, 우주 공간에 존재하는 천체 사이의 거리를 측정하는 데 사용하는 단위예요. 1광년은 대략 9조 5천억 km 정도 되지요.

광자 특정 파장에서 에너지를 방출하는 아주 작은 입자예요.

광합성 식물이 빛에너지와 공기 중에 존재하는 이산화탄소와 물을 이용하여 당분과 산소를 생성하는 과정이에요.

근접 비행 우주선이 우주 공간에 존재하는 행성이나 다른 천체에 착륙하지 않고, 우주 공간에서 행성이나 다른 천체에 가까이 접근하여 날아가는 우주여행이에요.

단 하나의 점 물질이 매우 집중적으로 빽빽하게 모여 있는 무한히 작은 지점이에요.

대기 우주에 존재하는 행성이나 다른 커다란 천체 주위를 둘러싸고 있는 기체층이에요.

마그마 지구 내부에서 하부 지각이나 상부 맨틀을 형성하는 암석이 고온으로 가열되어 녹거나 부분적으로 녹은 물질이에요.

맨틀 지구를 구성하는 지각과 중심부 외핵 사이에 분포하는 영역으로서, 뜨거운 암석이 서서히 움직이는 두꺼운 층이에요.

무한대 제한이나 한계가 없는 상태에요.

미생물 매우 작아서 맨눈으로는 관측할 수 없고 현미경으로 관측할 수 있는 생물이에요.

반구 구(원)의 절반이에요. 특히 지구면을 두 쪽으로 나눈 부분으로서, 북반구와 남반구를 말하지요.

별자리 사람들이 밤하늘에 떠있는 별들을 이어서 사물이나 인물이나 동물을 연상하며 붙인 이름이에요.

분자 서로 다른 원자들이 강하게 결합하여 이루어진 상태를 말해요.

블랙홀 강한 중력이 작용하여 심지어 우주에서 가장 빠른 빛을 포함해 어떤 것도 빠져나올 수 없는 극도로 무거운 천체예요.

소행성 항성 주위를 공전하고 있지만, 행성이 되기에는 크기가 너무 작은 단단한 암석 덩어리와 얼음 덩어리예요.

암흑 물질 '실종된' 우주 질량을 추정하는 신비로운 물질이에요.

암흑 에너지 우주에 존재하는 천체들을 서로 더더욱 멀리 밀어내는 신비로운 힘이에요.

양성자 중성자와 함께 원자핵을 구성하고 있으며, 양전하를 띠는 입자예요.

용암 화산이 폭발할 때 지구 내부 지하에서 암석이 고온으로 가열되어 녹아 있던 뜨거운 마그마가 지각의 약한 틈을 타고 지표 위로 분출한 상태예요.

우주 마이크로파 배경 복사(CMBR) 빅뱅이 일어나고 나서 우주 공간 전체를 가득 채우고 있는 복사열이에요. 우주 마이크로파 배경복사(cosmic microwave background radiation)는 우주 나이 약 38만 년일 때 우주의 물리적 상태에 대한 정보를 담고 있는 오래된 화석이라고 할 수 있어요.

운석 우주에 존재하는 혜성이나 소행성과 같은 천체에서 떨어져 나와 대기 중에서 다 타버리지 않고 지구상에 떨어지는 암석 덩어리를 말해요.

원소 다른 모든 물질을 구성하는 기본적인 화학 원소 118개 가운데 하나예요. 화학 원소는 각각 다른 독특한 원자 모형을 가지고 있지요.

원시 행성 우주 공간에 존재하는 물질 가운데 원반을 형성하여 태양 주변을 공전하던 가스 덩어리와 먼지 덩어리들이 서로 충돌하면서 함께 뭉쳐져 상당히 크게 성장했지만, 아직 행성이 아닌 초기 단계의 행성이에요.

원시별 우주 공간에 존재하는 가스와 먼지들이 모여 중력에 의해 수축하면서, 중심핵이 뜨거워지고 핵융합 반응이 시작되어 표면 온도가 태양보다 낮지만 밝기가 태양의 수백 배로 밝게 빛나는 천체예요.

원자 더 이상 나눠지거나 분리될 수 없는 물질을 구성하는 가장 작

은 기본 입자예요. 화학 원소는 각각 다른 독특한 원자 모형을 가지고 있지요.

원자핵 양성자와 중성자로 이루어져 있으며, 원자의 중심부에 위치하지요.

위성 우주에 존재하는 행성이나 다른 천체 주위를 공전하는 천체예요. 또한 지구 주위를 공전하는 달은 자연적으로 존재하는 지구의 위성이지요.

은하 항성(별)들이 중력으로 서로 묶여 있는 거대한 집합체예요.

응결 기체 상태가 차갑게 냉각되어 액체 상태로 변하는 현상이에요.

일식 지구를 공전하는 달이 태양과 지구 사이에 일직선상으로 놓여 지구에서 볼 때 달이 태양의 전부 또는 일부를 가리는 현상이에요.

전도체 전기나 열을 잘 전달할 수 있는 물체예요.

전자 모든 원자 안에서 음전하를 띠고 있으며, 원자핵 주위를 잽싸게 회전하는 아주 작은 입자예요.

전자기파 입자(광자)를 매개로 에너지가 전파해 나가는 파동이에요. 또한 전자기파는 파장의 길이에 따라 전파, 적외선, 가시광선, 자외선, 엑스선, 감마선 등으로 나뉘어요. 전파(라디오파)와 엑스선(엑스레이), 마이크로파, 가시광선 등과 같은 파동을 전달하는 파동 에너지예요.

중성자 양성자와 함께 원자핵을 구성하고 있으며, 전하를 띠지 않는 입자예요.

지의류 조류와 균류가 단일한 생물체처럼 복합체가 되어 함께 생활하는 식물군이에요.

지진 지질 구조판들이 서로 나란히 움직일 때 지각이 갑자기 심하게 떨리면서 크게 요동치며 흔들리는 현상이에요.

지질 구조판 대륙과 해양을 운반하는 지각판 가운데 하나예요.

초신성 핵융합 반응을 일으킬 수 있는 물질들을 모두 다 써버리고 진화 마지막 단계에 이른 항성이 스스로 폭발하면서 생기는 엄청난 에너지를 순간적으로 방출하여 평소 밝기보다 수억 배로 밝게 빛나다가 서서히 어두워지는 현상을 말해요.

카이퍼대 태양계에 존재하는 해왕성의 공전 궤도보다 바깥쪽에서 태양 주위를 공전하는 명왕성을 비롯하여, 해왕성의 공전 궤도 너머에 있는 얼음 덩어리들이 거대하게 무리를 지어서 모여 있는 곳이에요.

켈빈(K) 섭씨온도와 같은 간격으로 눈금을 붙인 절대온도의 단위예요. 켈빈 눈금에서 0도는 섭씨 -273.15도와 같지요.

쿼크 원자핵을 구성하는 입자인 양성자와 중성자를 구성하는 가장 작은 기본 입자예요.

태양 성운 우주 초창기에 형성된 초기 태양을 둘러싸고 초기 태양 주위를 공전하는 먼지 구름과 가스 구름이에요.

파장 에너지를 전달하는 모든 파동에서 파동의 가장 높은 부분인 마루와 마루 사이의 거리, 또는 파동의 가장 낮은 부분인 골과 골 사이의 거리를 말해요.

필라멘트 실처럼 가느다란 금속 선이에요.

혜성 얼음과 암석과 먼지 덩어리 등으로 구성되어 있어요. 또한 혜성은 태양에 가까이 접근할수록 급격히 온도가 올라 일부 얼음이 녹으면서 가스와 먼지로 구성된 빛나는 꼬리가 태양과 거의 반대 방향으로 길게 뻗어 형성되지요.

화산 지구 내부에서 하부 지각이나 상부 맨틀을 형성하는 암석이 고온으로 가열되어 녹으면서 생성된 마그마가 벌어진 지각의 틈을 통해 지표 밖으로 흘러나오면서, 기체 상태로 날아 흩어지기 쉬운 성분은 화산가스로 분출하고 나머지는 용암이나 화산쇄설물로 분출하여 생성된 산을 말해요.

화석 암석에 그대로 보존되어 남아 있는 동식물의 일부 유해나 흔적이에요.

색인

가시광선 14-15, 32-33, 35-39, 122
갈릴레오 갈릴레이 9, 102
거대한 기체형 행성 65, 70-71, 114
공전 궤도면 13, 64, 73, 102
과학 9
관찰할 수 있는 우주 24-25, 122
광년 18-19, 113
광자 14, 22-24, 26, 35-37, 40, 121
광합성 91
금성 65, 67-69, 82, 107-108, 110, 114
기체 21, 28-30, 62-63, 68-71, 77, 81, 84, 86
기체행과 얼음형 65, 70-71, 124
달 7, 18, 67, 69, 82-83, 98, 100, 102, 106, 116
대기권 28, 68-69, 71, 81, 84
대량 멸종 94-95
대륙 87-89
로봇 기술 108-109
마그마 80, 84-86
마이크로파 14, 23-24, 29
명왕성 74, 75, 109
목성 65, 70-71, 75, 107, 111
무선 통신 시스템 109
물 14, 59, 67-69, 81, 84-85, 112
물질 20-21, 40-41, 58-60, 62,112-113, 118, 120-124
반물질 21
백색 왜성 54-55, 125
베라 루빈 57
별의 색깔 38-39, 47, 53
별의 재탄생 52-53
별의 종족 52-54, 125
별의 죽음 40-41, 44-55, 123, 125
별의 중심부 36-37, 46-48, 50-51, 54, 123
별의 탄생 30-31, 62, 125
별의 표면 온도 38
별의 형성 122, 123
분자 30, 58-59, 90, 112
블랙홀 40-41, 43, 105, 123

빅 립 118-119
빅 크런치 118-119
빅 프리즈 118-119
빅뱅(우주대폭발) 10-12, 16, 24, 118, 125
빛 6, 22-26, 30, 91-93, 121
빛의 속도 18-19
산소 48, 59, 63, 91
생명체 59, 90-97, 114-115
성운 31
세실리아 페인 35
소행성 60, 67, 74-76, 83, 95, 117, 124
소행성대 75, 110
수소 21-22, 28, 34-35, 37-38, 46-48, 52-54, 59-60, 81, 112, 120-123
수은 49, 65-67, 82, 107, 110
시간 13, 19
시간과 공간(시공간) 13, 19
아이작 뉴턴 13
안드로메다 은하 19, 43
알프레드 베게너 88
암석 84-86, 91, 106
암석형 행성 65-69, 82-83, 124
암흑 물질 56-57
암흑 에너지 57, 118
양성자 20-23, 50, 58, 112, 120
에너지 14-15, 16-17, 20, 24-25, 32, 35, 118, 120
에드먼드 핼리 77
오렌지색(주황색) 22-24
오르트 성운지대 76-77
오존 92
온도가 높은 우주 공간 29
왜소행성(왜행성) 74-75, 109
외계 행성 115
우주
우주 냉각 20, 23, 120-123, 125
우주 마이크로파 배경 복사(CMBR) 24, 29, 121-122
우주 멸망 118-119
우주 색깔 22-23
우주 식민지화 116-117
우주 암흑시대 26, 122
우주 연대표 120-125

우주 탐험 98-119
우주 팽창 11-12, 16-17, 19-20, 23-25, 56-57, 118, 123, 125
우주선 106-109, 115
우주의 날씨 69, 71
우주의 모양 119
우주의 크기 24-25
우주의 탄생 10-12, 16
운석 63, 67, 75
원소 34, 47, 52-53, 58-59
원시 행성 63, 74, 82
원시별 30, 33-34, 52
원자 17, 20 - 23, 34 - 35, 40, 46-48, 54, 58-59, 90, 112-113, 118, 120-122
위성 60, 72-73, 109, 114, 116, 124
유리 가가린 107
은하 6, 16, 42-43, 102-103, 112-114, 122
은하수 6, 42, 102-103, 113-114
이산화탄소 81, 84, 91, 112
적색 거성 47, 48, 54
적색 왜성 55, 125
적외선 15, 32-33
전자 22-23, 50, 54, 58-59, 112, 120
전자기파 14-15, 22, 24, 29, 32, 104-105, 121-122
전파 14, 24, 115
조셀린 벨 51
중력 13, 28-30, 37, 41, 46, 48, 54-57, 62-65, 72-73, 118, 120
중성자 20-21, 50, 112, 120
중성자 항성(중성자별) 50-51
중심핵 65-66, 70-71, 80, 86-87
지구 9, 28, 65, 67-69, 75, 78-97, 110, 113-114, 118-119
지구에서 가장 먼 거리 19
지구처럼 만드는 방법 117
천왕성 65, 70-71, 103, 111
천체망원경 6, 19, 33, 102-105
철 47, 48, 91, 123
초신성 48-53, 123, 125
카이퍼대 75-77, 109
칼 잰스키 104

쿼크 20, 112, 120
퀘이사 41
태양 7, 9, 35-39, 42, 54, 65, 76-77, 102, 110-111, 118-119, 124-125
태양계 110-111, 113-114, 116
텅 빈 우주 28-29
테이아 82
토성 65, 70-71, 107, 109, 111, 114
투명한 우주 23
파동 14-15, 32
펄사 51, 105
포토 83
프레드 호일 47
항성(별) 6-8, 26-55, 60, 100-105, 115, 122-124
항해 101
해왕성 18, 65, 70-71, 103, 111
핵융합 34, 46-49, 60, 122
행성 7, 60-71, 115, 124
행성상 성운 54
헬륨 21-23, 28, 34-35, 46-47, 52-53, 81, 121-122
혜성 60, 76-77, 109, 124
혹투성이 우주 24, 30
화산 68, 81, 85-87, 95, 114
화석 기록 95
화성 65, 67, 69, 75, 82, 107-108, 110, 116-117
화합물 58-59, 63
흑색 왜성 55, 125

128